Ensino Jurídico e Inovação

Ensino Jurídico e Inovação

DICAS PRÁTICAS E EXPERIÊNCIAS IMERSIVAS

2020

Marina Feferbaum
Clio Nudel Radomysler
Guilherme Forma Klafke
Stephane Hilda Barbosa Lima

ENSINO JURÍDICO E INOVAÇÃO
DICAS PRÁTICAS E EXPERIÊNCIAS IMERSIVAS
© Almedina, 2020
AUTORES: Marina Feferbaum, Clio Nudel Radomysler, Guilherme
Forma Klafke, Stephane Hilda Barbosa Lima
PREPARAÇÃO E REVISÃO: Lyvia Félix e Arlete Sousa
DIAGRAMAÇÃO: Almedina
DESIGN DE CAPA: Roberta Bassanetto
ISBN: 9786556270401

Dados Internacionais de Catalogação na Publicação (CIP)
(Câmara Brasileira do Livro, SP, Brasil)

Ensino jurídico e inovação : dicas práticas
e experiências imersivas / Marina
Feferbaum...[et al.]. -- São Paulo : Almedina,
2020.
Outros autores: Clio Nudel Radomysler, Guilherme
Forma Klafke, Stephane Hilda Barbosa Lima

Bibliografia
ISBN 978-65-5627-040-1

1. Direito - Estudo e ensino 2. Ensino -
Metodologia 3. Inovações tecnológicas I. Feferbaum,
Marina. I. Radomysler, Clio Nudel. II. Klafke,
Guilherme Forma. III. Lima, Barbosa Stephane Hilda.

20-36507	CDU-34(07)

Índices para catálogo sistemático:

1. Ensino jurídico 34(07)

Cibele Maria Dias - Bibliotecária - CRB-8/9427

Este livro segue as regras do novo Acordo Ortográfico da Língua Portuguesa (1990).

Todos os direitos reservados. Nenhuma parte deste livro, protegido por copyright, pode ser reproduzida, armazenada ou transmitida de alguma forma ou por algum meio, seja eletrônico ou mecânico, inclusive fotocópia, gravação ou qualquer sistema de armazenagem de informações, sem a permissão expressa e por escrito da editora.

Julho, 2020

EDITORA: Almedina Brasil
Rua José Maria Lisboa, 860, Conj.131 e 132, Jardim Paulista | 01423-001 São Paulo | Brasil
editora@almedina.com.br
www.almedina.com.br

APRESENTAÇÃO

Com tantas transformações no mundo, envolvendo questões cada vez mais complexas – sociais, econômicas, tecnológicas, morais –, nada mais oportuno do que refletir sobre os impactos dessas mudanças na prática do Direito e na forma de ensiná-lo. E mais do que isso: munir-se de ferramentas para romper com paradigmas e imprimir alterações profundas em nossa maneira de ensinar é crucial para o futuro do Direito.

Alunos, mercado de trabalho e sociedade necessitam de um Direito capaz de conseguir construir soluções a um mundo que está em constante mudança e que enfrenta desafios próprios de uma ordem social que dialoga a partir de valores e desafios que se modificam em um tempo histórico cada vez mais curto. E isso só será alcançado se o ensino jurídico se transformar também.

A profunda experiência da Escola de Direito de São Paulo da Fundação Getulio Vargas (FGV DIREITO SP) em pesquisar, experimentar e inovar metodologicamente comprova que está mais do que na hora de o Direito e seu ensino assumirem a transformação necessária ao papel que precisam desempenhar para a sociedade presente. O foco tem sido trabalhar na construção de conhecimento e no desenvolvimento de habilidades e competências, que, articuladas com domínios estruturantes da ordem jurídica e com uma compreensão profunda sobre o papel do Direito em uma ordem democrática, superem uma tradição formativa estruturada fundamentalmente em um ensino baseado quase exclusivamente em transmissão de conteúdo dogmático.

Métodos tradicionais e exclusivamente expositivos de ensino, pouco reflexivos e desconectados da realidade na qual esses egressos irão atuar precisam ser repensados para que se garanta uma formação qualificada, crítica e responsiva com as demandas do presente e do futuro que se aproxima, como se presente já fosse.

Entre as diversas práticas difundidas pelo Centro de Ensino e Pesquisa em Inovação (CEPI), que têm como base metodologias participativas, as imersões de ensino recebem destaque nesta obra. É bastante valioso para a academia conhecer em detalhes as técnicas, os embasamentos teóricos e a execução de uma das experiências de ensino de graduação mais inovadoras promovida pela FGV DIREITO SP, envolvendo tecnologia, inteligência artificial, Direito e sociedade.

Esse livro nos possibilita não apenas refletir sobre questões metodológicas cruciais, mas conhecer instrumentos que viabilizam práticas pedagógicas preocupadas em formar profissionais cujo perfil de competências e habilidades seja capaz de responder às demandas atuais e futuras do mundo em que estamos vivendo.

Trata-se do compartilhamento de propostas vivenciadas que busca apresentar referências pedagógicas de como podem ser estruturadas essas aulas, com a intenção de ajudar, de modo direto, a encontrar direcionamentos e ferramentas para a construção de uma nova prática de ensino jurídico. Acreditamos que seu compartilhamento com a comunidade poderá contribuir de modo consistente com os desafios que se apresentam ao ensino, à pesquisa e à prática jurídica.

Adriana Ancona de Faria
Doutora em Direito Constitucional e mestre em Direito do Estado (2000). Graduação em Direito pela Pontifícia Universidade Católica de São Paulo (PUC-SP). Vice-Diretora Administrativa da FGV DIREITO SP.

SUMÁRIO

1. POR QUE MAIS UM LIVRO SOBRE COMO ENSINAR DIREITO?   9

2. ESTAMOS FORMANDO NOSSOS ESTUDANTES PARA O FUTURO OU PARA O PASSADO? TECNOLOGIA E TRANSFORMAÇÕES NAS PROFISSÕES JURÍDICAS   13

3. O QUE SOBRA DOS BANCOS DA FACULDADE QUANDO TODO O RESTO MUDOU? A CONTRIBUIÇÃO DO ENSINO PARTICIPATIVO PARA FORMAR OS PROFISSIONAIS JURÍDICOS DO FUTURO   23

4. NOSSAS INSPIRAÇÕES   27

4.1. Aprendizagem pela experiência: conhecendo a partir de vivências significativas   28

4.2. Aprendizagem por projetos: como solucionar desafios de maneira colaborativa   32

4.3. *Design thinking*: como desenvolver empatia e criatividade em sala de aula   36

4.4. Experiências inspiradoras que concretizam essas ideias   40

     4.4.1.   Escola KaosPilot (Dinamarca)   40

     4.4.2.   Formação Integrada para a Sustentabilidade (FIS) (FGV EAESP)   40

     4.4.3.   Intent – Formação Integrada para Liderança Empreendedora (FGV EAESP)   41

ENSINO JURÍDICO E INOVAÇÃO

5. COMO FAZEMOS UM PLANEJAMENTO DE CURSO
   COM ENSINO PARTICIPATIVO?   43
5.1. Elaboração de programas a partir de objetivos claros   43
5.2. Criação de boas dinâmicas participativas   49
5.3. Avaliação dos alunos pelo processo e pelo produto   52

6. A EXPERIÊNCIA NA FGV DIREITO SP:
   DISCIPLINAS DE IMERSÃO   55
6.1. A disciplina Agenda 2030   60
    a. A concepção da disciplina: definição do problema,
       elaboração do programa e contato com especialistas   61
    b. A primeira parte da disciplina em detalhes: sensibilização para
       o problema, criação de grupo e contato com especialistas   66
    c. A segunda parte da disciplina em detalhes: processo
       de criação do produto, apresentação e *feedback* em grupo   81
    d. Avaliação e atribuição de notas aos alunos   101
6.2. A disciplina Desafio Finch   106
    a. A concepção da disciplina: seleção do parceiro, escolha
       dos desafios e elaboração do programa   106
    b. A primeira parte da disciplina em detalhes: integração,
       sensibilização e o desenvolvimento de novas habilidades   110
    c. A segunda parte da disciplina em detalhes: entendendo
       os desafios, formulando soluções e apresentação
       para o parceiro   125
    d. Avaliação e resultados finais   131

7. CONCLUSÕES   139

8. REFERÊNCIAS   143

Anexo 1 – Plano de Ensino do Curso de Graduação em Direito
       Imersão – Agenda 2030: Admirável Mundo Novo?
       1º Semestre de 2018   149
Anexo 2 – Notas de Ensino Imersão – Agenda 2030:
       Admirável Mundo Novo? 1º Semestre de 2018   155
Anexo 3 – Notas de Ensino
       Imersão – Desafio Finch. 2º Semestre de 2018   175

1. Por que mais um livro sobre como ensinar Direito?

Finalmente os alertas de educadores para a necessidade de mudança na dinâmica de ensino e aprendizagem na educação superior estão surtindo efeito. No Direito não é diferente. Professores, coordenadores e mantenedores de cursos jurídicos estão cada vez mais conscientes da existência de um paradigma de ensino que é imperceptível como o ar que nos envolve e com o qual todos nós estamos familiarizados: a transmissão de um conteúdo pronto e organizado pelo professor, por meio de aulas expositivas que colocam os alunos em uma posição passiva em sala de aula ou, no máximo, abrem espaço para que esclareçam dúvidas ou realizem comentários sobre a palestra.[1] Instituições de ensino estão adotando o ensino participativo como alternativa metodológica, seja para se apresentar com uma vantagem comercial sobre o ensino massificado, seja por abraçar a percepção de que o modelo tradicional não é suficiente para formar os cidadãos e profissionais para o futuro. Encontramos vontade de mudança em todos os lugares pelos quais passamos com nossas oficinas e cursos de formação docente, com ecos até mesmo na definição das diretrizes curriculares dos cursos de Direito.[2]

---

[1] Utilizando a metáfora do "ar que nos circunda", cf. McManus (2001, p. 423).

[2] Veja-se, por exemplo, trecho do parecer sobre as DCNs para os cursos jurídicos editadas em outubro de 2018: "A metodologia de ensino e aprendizagem deve guardar relação com os princípios acima descritos e, assim, proporcionar uma relação de ensino-aprendizagem que atenda a um processo de construção de autonomia, de forma pluridimensional, dos pilares do conhecimento: aprender a conhecer, aprender a fazer, aprender a conviver e aprender a ser" (BRASIL, 2018, p. 11).

O ensino participativo não é brincadeira em sala de aula nem "conversa de bar". Ele confere aos estudantes o protagonismo no processo de organização e desenvolvimento do conteúdo. Desse modo, busca responder aos desafios trazidos por uma sociedade tecnológica e de informação ao capacitar os estudantes para pesquisarem e selecionarem informações e suas fontes, e não apenas memorizarem conteúdos que poderão ficar rapidamente ultrapassados. Ele procura responder aos problemas de uma sociedade plural ao dar voz a diferentes atores em sala de aula e ao colocar pessoas diversas para dialogar umas com as outras em um ambiente seguro e confortável. Ele também visa a atender a uma nova geração de estudantes nascidos na era digital ao enfatizar a importância de que os alunos vejam sentido em todo o processo de aprendizagem, valorizando relações entre conteúdo, realidade prática e suas trajetórias de vida. O ensino participativo, em síntese, tem como fundamento uma mudança no panorama do que é aprender, e é uma importante alternativa para a formação de estudantes no contexto atual.

Se antes essa argumentação parecia não se aplicar ao Direito, agora está mais atual do que nunca. A tecnologia está revolucionando a maneira de executar o Direito e de ofertar serviços jurídicos. Está alterando, também, o atendimento da demanda de serviços jurídicos, algo que profissionais de outras áreas estão realizando muito bem – engenheiros, programadores de computação, matemáticos, estatísticos, entre outros. Os advogados são pressionados para não serem apenas os "portadores do não", mas também verdadeiros aliados na viabilização e na otimização de negócios, reduzindo custos e aumentando receitas. Membros das carreiras públicas são pressionados a dar conta de um número cada vez maior de demandas, a ampliar o acesso à Justiça e a prestar uma resposta efetiva para os jurisdicionados. Isso sem contar a necessidade sempre existente, mas que ganha maior importância em cenários de inovação e competição, de que os profissionais da área saibam gerenciar e motivar suas equipes, consigam conversar com pessoas de outras áreas e ainda mantenham uma boa relação com quem usufrui dos serviços.

Se na teoria podemos identificar vantagens do ensino participativo, é na prática que ele enfrenta desafios que desestimulam sua adoção e levam a preconceitos difíceis de desfazer. A arquitetura de uma sala de aula pode ser decisiva para o sucesso da participação dos estudantes, mas nem sempre as instituições estão dispostas a investir recursos para adaptá-la.[3] Professores que não sabem ou têm prática em conduzir debates, acompanhar trabalhos em grupo, avaliar a participação dos alunos podem agir inconscientemente de maneira a favorecer a resistência ao método. Essa resistência, aliás, pode aumentar, dependendo do perfil do corpo discente e do contexto social e econômico em que se insere o curso. Nesse turbilhão, até mesmo a pessoa com mais boa vontade pode se ver sobrecarregada, sentir-se mal preparada e perceber-se incapaz de aplicar os métodos participativos em seu curso.

Este livro foi pensado não apenas para os docentes que já adotam o ensino participativo com sucesso, mas principalmente para aquelas pessoas que querem adotá-lo sem saber como fazê-lo. Contamos aqui algumas iniciativas de ensino para graduação lideradas pelo Centro de Ensino e Pesquisa em Inovação da Escola de Direito de São Paulo da Fundação Getulio Vargas (FGV DIREITO SP) em 2018. Foram disciplinas optativas no formato de imersões, nas quais colocamos em prática muitas técnicas de ensino participativo, refletindo sobre a relação entre direito e tecnologia e visando especialmente a formação de um ambiente seguro e saudável para os estudantes se desenvolverem pessoal e profissionalmente.

Ao longo desta obra, procuramos apresentar elementos que serviram para a concepção e a execução desses cursos, com dicas sobre atividades, formas de avaliação e seleção de conteúdos pertinentes. Além das reflexões que notabilizaram a FGV DIREITO SP como referência em ensino participativo e métodos de ensino jurídico, trazemos outras inspirações que direcionaram nossos cursos, como a aprendizagem por meio de experiências, o ensino baseado em projetos e o método do *design thinking*. Acreditamos que esses relatos podem servir de inspiração a colegas da academia e fomentar a adoção de um ensino participativo envigorado, que incentiva ainda mais o aluno a ter uma postura ativa e de corresponsabilidade por seu próprio caminho de aprendizado, além de considerar o impacto da tecnologia na profissão. Somente colaborando e difundindo diferentes formas de ensinar acreditamos ser possível mudar o cenário jurídico brasileiro.

---

[3] Relacionando o espaço de sala de aula com diferentes teorias da aprendizagem, cf. Guney (2012).

Estruturamos este livro em seis capítulos, contando com esta introdução. O Capítulo 2 apresenta um panorama das transformações no mercado profissional no Direito, enfocando especialmente as mudanças trazidas pela tecnologia. O Capítulo 3 parte desse diagnóstico para refletir sobre o ensino jurídico que queremos nesse novo contexto. O Capítulo 4 elenca inspirações que orientam inovações no ensino em direção não apenas ao trabalho com a cognição, mas também com a experiência, a autonomia em projetos, a criatividade e as emoções. O Capítulo 5 mostra dicas sobre como concretizar esses fundamentos em programas de ensino. Finalmente, o Capítulo 6 descreve duas experiências de ensino que exemplificam essa maneira de pensar e agir.

2. Estamos formando nossos estudantes para o futuro ou para o passado? Tecnologia e transformações nas profissões jurídicas

A tecnologia está cada vez mais presente no dia a dia dos profissionais do Direito. Com o processo eletrônico, hoje é impensável realizar uma peça processual sem a utilização de um computador ou uma pesquisa de acompanhamento processual que não seja pela internet. Em outubro de 2008, o Supremo Tribunal Federal (STF) decidia pela inconstitucionalidade de lei paulista que estabelecia a possibilidade de audiências por videoconferência.[4] Dez anos depois, juízes ao redor do Brasil empregavam um aplicativo de mensagens (WhatsApp) para realizar audiências e destravar a pauta de processos.[5] E-mails, mensagens de texto em tempo real por meio de *smartphones* e reuniões virtuais em aplicativos de chamada por vídeo também agilizam a comunicação com colegas de trabalho e clientes, ainda que estejam em diferentes lugares do país e do mundo.

Essas facilidades têm mudado de várias maneiras o trabalho jurídico, especialmente aquele relacionado aos litígios de massa. A primeira e mais evidente é a simples substituição da mão de obra humana por máquinas. O diagnóstico sobre o setor jurídico não se diferencia do de outros segmentos, conforme apontam os vários relatórios dedicados ao assunto. Segundo o Fórum Econômico Mundial, o tempo de tarefas desempenhadas por máquinas em vários setores econômicos saltará de 29% do tempo total de trabalho em 2018 para 42% do tempo total

---

[4] BRASIL. Supremo Tribunal Federal. *Habeas Corpus nº 90.900/SP*. Relator: Min. Ellen Gracie. Julgado em: 30/10/2008. DJe 200, 23/10/2009.
[5] Cf. *Extra*, 2018; TRT-PR, 2018; *O Povo*, 2018.

em 2022, e máquinas e algoritmos contribuirão para a realização de 57% das tarefas nesse mesmo ano (WORLD ECONOMIC FORUM, 2018, p. viii). Para a área jurídica, segundo o relatório *Times are a-changin* da International Bar Association (IBA), 47% dos líderes de escritórios de advocacia acreditam que tecnologias como o Watson, da IBM, serão capazes de substituir paralegais, e 36% acreditam que tais tecnologias serão capazes de substituir advogados associados de primeiro ano até 2025 (INTERNATIONAL BAR ASSOCIATION, 2016, p. 16).

Atividades repetitivas consomem bastante tempo e mobilizam muitos profissionais, especialmente paralegais, estagiários e advogados júniores, mas podem ser desempenhadas por computadores em grande escala graças aos avanços no processamento e à inteligência artificial. As máquinas desempenham com excelência atividades que envolvem reconhecimento de padrões, classificação de objetos e outras tarefas cognitivas repetitivas. Por isso, podem atuar no preenchimento de informações e peças, na comparação de teses e na busca de informações em base de dados.

Esses avanços no método de tratar informações e de produzir alguns documentos, como contratos e certas peças processuais, já impactam a realidade jurídica brasileira. No escritório pernambucano Urbano Vitalino, por exemplo, soluções de tecnologias foram incorporadas como cadastramento de processos, distribuição dos processos entre as equipes e acompanhamento processual.[6] Já o mercado de *softwares* e outros produtos voltados para a automação de documentos e processos está em franca expansão, como revela o projeto Radar de Lawtechs e Legaltechs da Associação Brasileira de Lawtechs & Legaltechs (AB2L). A quantidade de startups associadas à organização saltou de 51, em outubro de 2017, para mais de 150 em fevereiro de 2020 – mais que o triplo em apenas três anos.[7]

A rápida expansão da tecnologia decorre de vantagens que advêm da automação. Para os escritórios e departamentos jurídicos, além de

---

[6] Cf. artigos que mencionam "Carol", a solução de inteligência artificial do escritório. Disponível em: https://www.urbanovitalino.com.br/carol/. Acesso em: 3 set. 2019.

[7] Para saber mais sobre as empresas associadas, é possível consultar o Radar Dinâmico da AB2L, disponível no *site*: https://www.ab2l.org.br/radar-dinamico-lawtechs-e-legaltechs/. Acesso em: 21 fev. 2020.

2. ESTAMOS FORMANDO NOSSOS ESTUDANTES PARA O FUTURO OU PARA O PASSADO?

permitir que uma tarefa seja executada em bem menos tempo do que se fosse realizada manualmente por uma pessoa, a substituição reduz erros, torna o produto final padronizado e disponibiliza parâmetros mais fáceis de mensurar. Para os clientes, uma consequência favorável é a possibilidade de redução de custos de honorários advocatícios quando calculados por hora de serviço. Para os profissionais, a substituição lhes possibilita ter mais tempo disponível a fim de executar tarefas mais intelectuais, estratégicas ao negócio, voltadas ao planejamento e à análise – não mais trabalhos "braçais". Eles também podem se dedicar mais ao estudo e ao aprimoramento de outras atividades.

Uma segunda mudança diz respeito à "invasão" de outras áreas no mercado de trabalho jurídico. Isso se deve tanto ao surgimento de novas ocupações como ao perfil que se espera do novo profissional. Sobre o primeiro movimento, engenharia jurídica, arquitetura jurídica e *legal design* são exemplos de ocupações que até então não existiam e decorrem desses impactos tecnológicos (MARANHÃO, 2018). Engenheiros e arquitetos jurídicos têm ajudado startups a desenvolver soluções jurídicas para pequenas e médias empresas por meio de *softwares* que realizam desde a produção de documentos até o acompanhamento automatizado de processos, dispensando o estagiário ou advogado júnior para executar essas funções (FRANÇA, 2011, p. B2). *Designers* jurídicos atuam em empresas e escritórios para tornar contratos, termos de uso e outros documentos visualmente mais simples, atraentes e comunicativos. Os profissionais que desempenham essas funções não têm necessariamente formação jurídica, possuem um perfil multidisciplinar, dominando, além dos processos jurídicos, outras áreas de saber como conhecimento de administração, computação e ciências exatas.

O segundo movimento afeta até mesmo funções tradicionalmente ocupadas por pessoas com formação jurídica. Para dar conta das exigências de posições de gestão e direção, escritórios e departamentos jurídicos recorrem cada vez mais a profissionais com formação em administração, engenharia, economia, entre outras áreas. Nos escritórios, por exemplo, assume cada vez mais importância a figura do administrador jurídico, a pessoa responsável por otimizar a prestação de serviços, implementar inovações de processos e gestão de pessoas e recursos, estabelecer metas e planejar a atuação (empresarial) da organização jurídica (AGOSTINI, 2010). Departamentos jurídicos, por sua vez, passam a exigir

ENSINO JURÍDICO E INOVAÇÃO

diretores e gerentes com formação para lidar com análise de risco, execução de projetos, acompanhamento de processos e fluxos de trabalho.

Esse movimento não está limitado, porém, aos postos de gerenciamento. Os problemas jurídicos nunca foram puramente jurídicos, mas cada vez mais a necessidade de conhecimento técnico de outras áreas se torna um diferencial para a atuação de profissionais do Direito no mercado. No direito penal econômico, conhecimentos em contabilidade, mercado e operações financeiras e tecnologia de vigilância contribuem para a atividade de promotores e procuradores responsáveis pela persecução de criminosos, para a atividade de defensores dos acusados e do Poder Judiciário.[8] No direito civil, o advento de contratos inteligentes (*smart contracts*) automaticamente executáveis, de registros em *blockchain*, ou de situações de dano e responsabilização civil no ambiente virtual mostra que os casos envolverão cada vez mais conhecimentos da área de tecnologia da informação e comunicação.

Uma terceira mudança na prestação de serviços, com impacto no mercado de trabalho jurídico, se refere ao uso de *big data* pelos profissionais para nortear sua atuação. A ciência de dados invadiu com força o setor jurídico. Se advogados deixaram de ser os "portadores do não" para se tornarem "parceiros de negócios", e se os negócios estão cada vez mais dependentes da informação gerada por uma enorme massa de dados, cada vez mais os advogados devem se familiarizar com a linguagem da análise de dados, da computação e da estatística. Não estamos falando apenas da predição do comportamento judicial – tema mais familiar aos juristas, especialmente depois do movimento do Direito e Economia (*Law & Economics*) e da Jurimetria –, mas também do uso de grandes bases de dados para sugerir mudanças nos negócios e na atuação dos clientes. Ao traçar o perfil das demandas por região, por exemplo, o setor jurídico de uma empresa logística pode apontar falhas na prestação de serviço e sugerir caminhos para uma gestão mais eficiente. O departamento jurídico de uma empresa pode repassar ao departamento de marketing informações sobre litígios dos concorrentes, com

---

[8] Para exemplificar o argumento, Sérgio Moro assumiu o Ministério da Justiça em 2019 com o discurso de trazer para a pasta a expertise de vários investigadores no combate aos crimes "de colarinho branco", como corrupção e lavagem de dinheiro. Cf. Passarinho e Odilla (2018).

2. ESTAMOS FORMANDO NOSSOS ESTUDANTES PARA O FUTURO OU PARA O PASSADO?

o objetivo de otimizar as ações de publicidade de acordo com os pontos fracos das empresas rivais.

As transformações não se limitam, porém, à iniciativa privada. As instituições públicas também têm apostado em iniciativas para imprimir maior eficiência a seus processos por meio do uso de tecnologias. Em 2013, por exemplo, a Advocacia-Geral da União começou um projeto--piloto com a Procuradoria-Regional Federal da 3ª Região (PRF3) e a Procuradoria-Regional Federal da 4ª Região (PRF4) utilizando inteligência artificial e procedimentos automatizados no trabalho de procuradores de São Paulo, Mato Grosso do Sul e estados da região Sul (KAMAYURÁ, 2013). O projeto envolve um sistema que distribui os processos aos procuradores e os entrega com documentos e jurisprudência necessários para que possam trabalhar (Sistema de Automação Processual – SAP), além de outro programa que indica o melhor modelo de peça a ser usado para cada processo (Sistema de Apoio à Procuradoria Inteligente – Sapiens). Tudo em menos de um minuto.

O Poder Judiciário também tem sido impactado pela implementação de ferramentas de inteligência artificial para auxiliar na melhor tramitação dos processos. O sistema Victor, do STF, foi criado para aumentar a eficiência de julgamento dos recursos extraordinários ao vinculá-los a temas de repercussão geral de modo automatizado (MAIA FILHO e JUNQUILHO, 2018). A ideia é que o órgão disponibilize a ferramenta a todos os tribunais do Brasil para pré-processar recursos extraordinários após sua interposição (SUPREMO TRIBUNAL FEDERAL, 2018). Já o sistema Sinapses, do Tribunal de Justiça de Rondônia, utiliza processamento de linguagem natural para sugerir cursos de ação aos magistrados e servidores com base em milhares de processos semelhantes. No caso de triagem de processos, se um assessor demora 2 minutos para classificar o objeto de uma ação – trabalho que seria feito em 10 mil horas por um assessor (ou um ano por seis servidores) para a massa de 255 mil processos –, o sistema demora milissegundos para fazer a mesma tarefa.[9] Por esse motivo, o Conselho Nacional de Justiça (CNJ) pretende expandir

---

[9] Sobre o sistema Sinapses, cf. a apresentação dos criadores em: CAMPUS PARTY. #CPRO – SINAPSES – Entenda como a Inteligência Artificial pode tornar o Judiciário mais rápido. *YouTube*, 4 ago. 2018. Disponível em: https://www.youtube.com/watch?v=FaDylHvQ0lA. Acesso em: 3 set. 2019.

ENSINO JURÍDICO E INOVAÇÃO

soluções desse tipo para outras partes do Judiciário (MONTENEGRO e ANDRADE, 2018).

A realidade de inserção da tecnologia no Direito, então, tem diversos efeitos para a área. Por um lado, esse movimento tem contribuído para tornar o acesso a serviços jurídicos mais democrático e célere. Imagine-se, por exemplo, a possibilidade de se requisitar indenização de voos atrasados de modo totalmente *on-line* sem a necessidade de consultar um advogado, caso a resolução seja feita de maneira extrajudicial. Esta e outras negociações podem ser concluídas através de diversas plataformas de *Online Dispute Resolution* disponíveis para a realização de acordos totalmente *on-line*.[10] Com a redução de custos de honorários, mais pessoas poderão litigar; com a automatização dos processos, mais litígios poderão ser encerrados rapidamente.

Por outro lado, a substituição do elemento humano por máquinas naturalmente causa muito estranhamento. Pode provocar medo, já que funções antes executadas por pessoas acabam se tornando desnecessárias e extintas. O risco é maior quando a ocupação se resume a uma atividade que pode ser eficientemente substituída ou quando essa atividade assume parte significativa do tempo de trabalho da ocupação, não havendo motivos para manter o cargo se essa atividade for efetuada automaticamente (OAKDEN-RAYNER, 2017). Se algumas tarefas se encaixam claramente nesse cenário, como o cadastramento das informações do processo, outras se situam em uma zona mais cinzenta, como a construção de teses e peças jurídicas.

Outro risco é a ampliação de desigualdades na inserção de profissionais na carreira jurídica. A quantidade de cursos de Direito no país já é enorme, e o acesso a escritórios de grande porte é bastante restrito, privilegiando apenas alguns cursos. Estudos mostram que as oportunidades para ocupar níveis de maior prestígio na profissão são condicionadas a diversos fatores, não somente relacionados à competência dos profissionais, mas também à classe, à raça e ao gênero.[11]

[10] Um exemplo é o *site* "Não Voei", que procura dar assistência a passageiros de aviões. Cf. o *site* disponível em: https://naovoei.com/.

[11] Uma das ideias que concretizam essa percepção é a do "teto de vidro" (*glass ceiling*). Um exemplo é a discussão sobre o acesso das mulheres aos cargos mais elevados das principais carreiras jurídicas. Sobre o tema, cf. Bonelli *et al.* (2008, pp. 272-273), sobre restrição do acesso de mulheres em escritórios de advocacia; Bonelli (2010), sobre restrição do acesso de

2. ESTAMOS FORMANDO NOSSOS ESTUDANTES PARA O FUTURO OU PARA O PASSADO?

A inserção da tecnologia, ao reduzir os trabalhos mais repetitivos, pode ampliar desigualdades na profissão jurídica, aumentando o desemprego. O fenômeno da "uberização" dos advogados já está começando a ocorrer, com uma grande massa de profissionais deixando de ser remunerada, ou sendo remunerada por valores baixos e por tempo específico de trabalho.[12] É possível que, no futuro, apenas poucos profissionais, mais especializados, consigam continuar na carreira por um valor mais alto de remuneração. Além disso, poderá ocorrer maior centralização de poder dos grandes escritórios, que serão os únicos com recursos suficientes para amortizar os investimentos em tecnologia. A tecnologia possibilita que escritórios em grandes cidades do país, como São Paulo, possam atuar em demandas por todo o Brasil, o que pode contribuir para a desigualdade regional.

mulheres na magistratura paulista); Bonelli (2013), sobre restrição do acesso de mulheres na magistratura, na advocacia pública e privada, na Defensoria e no Ministério Público; Kay e Hagan (1995), sobre desigualdade de rendimentos de mulheres na advocacia norte-americana; e Anleu e Mack (2009) sobre desigualdade contra mulheres na magistratura australiana.

[12] Sobre a "uberização" das profissões em um sentido mais técnico e jurídico, com enfoque dos fenômenos sob a ótica da economia "gig", que envolve trabalho de multidões (*crowdwork*) e sob demanda, cf. Kalil (2017) e Monteiro (2017). No caso do Direito, há um campo fértil para o avanço desse tipo de modelo de negócios. A situação que atualmente chama mais atenção é a dos correspondentes, advogados que atuam sob demanda de outros advogados ou escritórios em locais nos quais eles não têm atuação presencial. Uma série de *startups* procura desenvolver plataformas que conectem correspondentes a clientes – no radar da AB2L, em fevereiro de 2020, constavam 17 empresas na área de redes de profissionais. A realização de diligências, cujos preços são referenciados em tabelas de honorários pelas seccionais da OAB, torna-se mais fácil, mas, ao mesmo tempo, mais barata, em razão da grande quantidade de pessoas cadastradas na plataforma, à semelhança do fenômeno ocorrido com aplicativos de motoristas. No entanto, não são apenas os correspondentes que se tornaram profissionais autônomos à disposição em um *marketplace* digital. Plataformas como JusBrasil já disponibilizam ambientes virtuais para que as pessoas se consultem com advogados cadastrados em sua localidade ou região sem pagar nada – para um panorama do serviço, veja a descrição disponível no *site*, em https://jusbrasil.jusbrasil.com. br/artigos/111849965/como-consigo-um-advogado-no-jusbrasil. Outras empresas se especializaram em disponibilizar canais para que clientes de companhias aéreas as processem rapidamente por questões como extravio de bagagens, atrasos e cancelamentos de voos, entre outras. Esses canais ligam os clientes a advogados escolhidos por essas empresas para atuar, deslocando profissionais que antes atuavam autonomamente no mercado de serviços jurídicos.

O desafio, então, é potencializar as vantagens e mitigar as desvantagens da inserção da tecnologia no Direito. Em um mundo não excludente, mas integrativo e colaborativo, a tecnologia poderia permitir que nós nos concentremos naquilo em que somos melhores – a interação humana e a criatividade, por exemplo. Trabalhar com máquinas pode, então, potencializar os trabalhos dos seres humanos com uma precisão maior. Trata-se de uma junção de saberes, e não de exclusão ou sobreposição. É fundamental refletirmos sobre como inserir a tecnologia na profissão de maneira que não contribua para a reprodução de desigualdades e exclusões. Nesse sentido, acreditamos que o debate sobre ética, diversidade e inclusão não pode estar ausente da reflexão sobre as recentes transformações da profissão jurídica.

Assim, se antes uma grande biblioteca com lindas estantes de livros era suficiente para mostrar a quantidade de conhecimento da banca de advogados, agora mostrar um *software* de pesquisa jurídica capaz de sugerir peças em alguns segundos pode ser o diferencial para captar o cliente. Tanto no setor público como no privado, os profissionais jurídicos precisam estar preparados para lidar com essa nova realidade. Isso significa não apenas saber manejar essas ferramentas de trabalho, mas também demonstrar habilidades e conhecimentos de outras áreas para apresentar soluções inovadoras a problemas que até então não existiam. Para isso, é fundamental que compreendam que as atividades tipicamente jurídicas não são mais exclusividade do advogado, já que estão sendo realizadas de modo muito competente por profissionais com uma formação ampla. Apenas para exemplificar, segundo o relatório *The Future of Legal Services*, de 2016, da The Law Society do Reino Unido, cinco áreas de atuação que serão exploradas até 2020 nos escritórios de advocacia são: 1) análise de dados; 2) intranet; 3) mídias sociais; 4) gerenciamento de projetos; e 5) colaboração (THE LAW AND SOCIETY OF ENGLAND AND WALES, 2016, p. 56).

O diagnóstico impacta o ensino. Se compreendermos que muito da atividade dita jurídica não é mais exclusividade do advogado, por uma questão de competitividade e diferencial, as bases de sua formação deverão ser revistas. Vive-se um momento de ressignificação de seu papel na sociedade e de suas verdadeiras finalidades. Logo, um olhar multidisciplinar e que considere as profissões jurídicas, para além de formar somente para as carreiras tradicionais do Direito, nos parece fundamental às universidades. Acreditamos, além disso, que a educação profissional do futuro advogado deve estar conectada a esse cenário e acompanhar tais mudanças para formar profissionais competitivos. Somente assim eles serão capazes de dar respostas aos novos desafios impostos. Além dos conhecimentos jurídicos de base, é necessário que também desenvolvam habilidades e adquiram conhecimentos não jurídicos (CAMPBELL, 2016, p. 69). E isso não apenas em cursos de pós-graduação, mas desde a graduação.

Pode-se dizer, então, que o futuro das profissões jurídicas já chegou. Ele está sendo criado enquanto vivemos o presente e se materializa pelas decisões que tomamos aqui e agora. Tanto os atuais profissionais como estudantes em formação devem sentir-se desafiados a repensar a função do profissional jurídico no mundo e para o mundo, em uma era tecnológica que está apenas começando.

3. O que sobra dos bancos da faculdade quando todo o resto mudou? A contribuição do ensino participativo para formar os profissionais jurídicos do futuro

As consequências do fenômeno da automação e do uso de tecnologias no contexto da profissão jurídica já são sentidas no ensino jurídico. O impacto mais evidente é a pressão cada vez maior por disciplinas que coloquem estudantes em contato com esses desafios e trabalhem conteúdos relacionados com esses problemas jurídicos. O Parecer CNE/CES nº 635/2018, que alterou as diretrizes curriculares dos cursos de Direito, previu, por exemplo, a possibilidade de que direito cibernético seja incluído nos projetos pedagógicos como uma forma de responder aos desafios trazidos pela tecnologia (BRASIL, 2018, p. 14). A formação nessas áreas também é suprida por uma grande quantidade de cursos de curta duração oferecidos por instituições privadas. A FGV DIREITO SP, por exemplo, ministra seus próprios cursos desde 2016.

Contudo, a previsão curricular desses conteúdos, na nossa opinião, não é suficiente para que o ensino acompanhe as transformações na profissão jurídica e na sociedade como um todo.[13] Persiste no Direito o ensino tradicional e expositivo, no qual o professor muitas vezes está mais preocupado em transmitir informações técnicas sobre determinado

---

[13] Embora nosso argumento siga pela importância das faculdades para a formação de profissionais, o papel delas não se resume a isso. Não ignoramos a existência de outros papéis igualmente fundamentais, como a formação cultural, intelectual, emocional e social das pessoas, o oferecimento de um espaço para debate livre de ideias e desenvolvimento acadêmico, e até mesmo seu papel social de melhoria das condições de vida das pessoas a seu redor. Essas outras funções também são impactadas pelas mudanças sociais e também apresentam uma interface com a maneira de ensinar.

assunto e conceitos do que em considerar a vivência dos alunos para que eles mesmos se questionem, argumentem e proponham soluções. Prevalecem crenças alinhadas com um ensino centrado no professor, que se caracteriza pela ideia de que a responsabilidade por organizar o conhecimento é do docente, de que não importam as concepções prévias dos alunos e de que o conteúdo deve ser dominado pelo estudante hoje para uso futuro na disciplina ou na vida profissional, sem que lhe seja apontada a importância dele para mudar sua visão de mundo.[14]

As desvantagens dessa abordagem em um ambiente de rápidas transformações são variadas. Primeiro, se os alunos são formados para reproduzir entendimentos expostos pelo professor, eles não serão preparados pelas instituições de ensino para lidar com novas situações quando elas aparecerem. A experiência pessoal ("eu aprendi assim e estou aqui") não funciona como contra-argumento, seja porque pessoas bem-sucedidas nesse modelo de ensino têm a maior parte do aprendizado prático no estágio ou nos núcleos de prática jurídica, seja porque o argumento desconsidera um grande número de pessoas que não se ajusta a esse modelo – por exemplo, estudantes que precisam agir para aprender. O sentimento de despreparo que assola egressos de cursos jurídicos decorre menos da falta de informações e mais da falta de experiência ao longo da graduação para que possam, sozinhos, lidar com os problemas jurídicos que surgirem em sua prática profissional.

O ensino expositivo e centrado no professor também é insuficiente para lidar com a formação das habilidades e competências do século XXI (Unesco, 2016, pp. 53-54). Para além de informações jurídicas, os profissionais de hoje e de amanhã precisarão cada vez mais se comunicar com outras áreas do conhecimento (Matemática, Estatística, Contabilidade, Engenharia, Administração, Linguagem de Programação, Tecnologia, Economia, Comunicação, entre outras). Também deverão desenvolver raciocínio para solucionar problemas inéditos de maneira criativa, responsável e eficiente. Por último, mas não menos importante, precisarão de habilidades interpessoais, de gestão de processos e de pessoas, de trabalho em equipe, de empreendedorismo, de ética, de empatia e de criatividade, a fim de concretizar respostas satisfatórias a problemas jurídicos diante de contextos complexos e interdisciplinares.

[14] Cf. Samuelowicz e Bain (2001, pp. 306-307); Ghirardi (2012).

3. O QUE SOBRA DOS BANCOS DA FACULDADE QUANDO TODO O RESTO MUDOU?

A mera exposição de um tópico da matéria por horas a fio não treina e capacita os estudantes para isso.

O ensino centrado no aluno apresenta vantagens para formar os profissionais exigidos por essa sociedade da informação. Ao se confrontarem com a necessidade de resolver problemas concretos ou ao vivenciarem uma experiência que poderá guardar semelhanças com situações presentes ou futuras, os alunos aprendem a construir soluções, criam critérios para avaliar as melhores e julgam o sucesso ou a falha das respostas a partir das consequências e do confronto com as ideias dos colegas. A interação com seus pares não apenas torna o ambiente mais acolhedor, como também estimula o desenvolvimento de habilidades interpessoais, como comunicação, delegação de tarefas, controle de rendimento, entre outras.

Essa formação será necessária para que os futuros profissionais lidem com problemas jurídicos que envolvam diversas áreas do saber, times interdisciplinares, colegas com diferentes personalidades e clientes que demandam cada vez mais soluções eficientes e eficazes. Também será importante em um contexto de mudança na prestação dos serviços jurídicos, que passam a exigir outro perfil profissional, mais versátil e capaz de se recriar constantemente, alguém com múltiplos saberes e apto a realizar análises para além de doutrinas jurídicas (CAMPBELL, 2016, p. 74), uma pessoa que compreenda as tecnologias, mas também tenha habilidades de relacionamento interpessoal e priorize as relações humanas (GERASSI NETO, 2017).

Uma vantagem do ensino participativo também decorre do perfil dos estudantes que chegam ao ensino superior. Por mais que a transição seja gradual, muitas das gerações que estão sendo formadas já nasceram inseridas em uma era tecnológica. A familiaridade com ferramentas desse tipo pode ser bem maior aos jovens do que a profissionais que estão lecionando. Esses alunos sabem que os conteúdos transmitidos pelo professor em sala de aula estão literalmente na palma da mão, em um *smartphone* conectado à internet e a mais alguns cliques em *sites* de busca. Seu problema não é ter acesso à informação, mas saber diferenciar e avaliar fontes, estruturar a informação em conhecimento e entender como ela se aplica à sua realidade. Sua dificuldade não é conhecer as regras, o código, os provimentos internos dos tribunais de Justiça, mas saber quando judicializar ou não uma questão ou como tratar um cliente com acesso rápido e fácil ao advogado e aos autos.

O ensino participativo tem o potencial de se ajustar à subjetividade do "estudante narciso", que quer ver significado no que faz e não aceita comodamente decisões tomadas por outras pessoas ou instituições (GHIRARDI, 2016, pp. 58-60). Nessa forma de ensinar, a motivação dos alunos e a integração do conteúdo com a realidade ganham importância na sala de aula com atividades que procuram fazê-los se engajar e se concentrar no que estão fazendo (SAMUELOWICZ e BAIN, 2001, p. 319). Cabe ao professor a responsabilidade por criar oportunidades de aprendizagem que sejam significativas aos sujeitos. Mais do que isso, aprender não é adquirir um conhecimento pronto e externo (como o *upload* de um arquivo), mas transformar concepções anteriores em novas interpretações da realidade. Os alunos não chegam ao curso como telas em branco (ou *pen drives* formatados). Muitos deles podem até mesmo ter vivenciado problemas jurídicos relacionados com a matéria. A troca de experiências e opiniões entre uma turma diversa poderá, então, fazê-los enxergar o mundo de maneira diferente.

Dando um passo além, as instituições de ensino também devem se preocupar com emoções, atitudes e a construção de um ambiente acolhedor. Uma característica das pessoas nesta sociedade de informação é a introjeção de mecanismos de comando e controle que antes eram externos. Se o século XX se caracterizou por ferramentas de supervisão da atividade (ponto eletrônico, funções de supervisão, etc.), o século XXI é marcado por uma constante pressão individual e interna por resultados – a "sociedade do cansaço" de que fala Byung-Chul Han (2015). Os indivíduos se consomem em busca de um ideal inalcançável. O resultado é a depressão, considerada a doença de nosso tempo. Para os estudantes, não é diferente. Questões de saúde mental chegaram aos bancos das faculdades, e a forma de ensinar também deve oferecer respostas a isso.

Todavia, como preparar, na prática, os estudantes para esta nova realidade tão dinâmica, na qual as profissões e funções estão sendo reinventadas todo o tempo? As experiências narradas neste livro apresentam exemplos de cursos participativos concebidos para formar estudantes para a sociedade e para o mercado profissional futuro.

4. Nossas inspirações

Diante da constatação do cenário de transformação das profissões jurídicas, é necessário refletirmos se nossos objetivos e métodos do ensino do Direito estão proporcionando uma experiência de educação que seja relevante e significativa para os estudantes.

No ensino jurídico tradicional, o professor é o protagonista em sala de aula, a metodologia é centrada em aulas expositivas, a avaliação é realizada principalmente por meio de provas escritas ao final do curso e há pouca participação dos estudantes. Nessa concepção de ensino, o principal objetivo é a memorização de conteúdo por parte dos estudantes, o que deixa de fazer sentido no contexto atual de inovação tecnológica inserida ao mundo jurídico.

As metodologias de ensino participativas são apresentadas, então, como fundamentais para atingir objetivos que vão além da apreensão de informações e conceitos, desenvolvendo habilidades e promovendo reflexões. Métodos como seminários, *role-plays*, simulações, estudos de caso, debates, diálogos socráticos e seminários são capazes de estabelecer raciocínios jurídicos, como a interpretação e a aplicação de leis em casos reais, a capacidade de argumentação e de síntese, entre outras habilidades relevantes. Nessa concepção de ensino, a autonomia e a participação dos estudantes são centrais no processo de ensino-aprendizagem, bem como a avaliação é vista menos como uma forma de classificar os alunos de acordo com seu rendimento, e mais como uma ferramenta importante, utilizada durante todo o curso, para ajudar os estudantes a alcançar os objetivos de ensino propostos (GHIRARDI, 2012).

ENSINO JURÍDICO E INOVAÇÃO

Para contribuir com um mundo cada vez mais integrado e em veloz transformação, passa a ser fundamental para o ensino jurídico o desenvolvimento de competências como empreendedorismo, colaboração, criatividade, gestão, inovação e liderança. Os profissionais do Direito precisam ser capazes de gerenciar equipes, dialogar com diferentes áreas, integrar efetivamente tecnologia à sua atuação, agir de maneira colaborativa e com ética para implementar projetos complexos que envolvem diferentes atores sociais.

Neste capítulo, apresentamos uma alternativa de abordagem metodológica para a construção de novas propostas pedagógicas aos profissionais do Direito no contexto atual: a combinação de aprendizagem pela experiência, aprendizagem por meio de projetos e, por fim, o uso da estratégia do *design thinking* dentro da sala de aula. Indicamos algumas experiências bem-sucedidas que nos inspiram a seguir por esse caminho e a desenvolver mudanças no ensino jurídico. Por fim, tratamos da nova experiência trabalhada no âmbito do curso de graduação da FGV DIREITO SP.

4.1. Aprendizagem pela experiência: conhecendo a partir de vivências significativas

A teoria da aprendizagem experiencial, também chamada de *experiential learning theory* (ELT), ou simplesmente *experiential learning*, entende que o conhecimento é gerado a partir da captura e da transformação de uma experiência vivenciada pelo aprendiz, como definido por Kolb (1984, p. 41). A ELT considera o aluno e suas experiências como centrais para a construção do conhecimento, que é o resultado de um processo ativo por parte do aprendiz e refletido em mudanças de conceitos e de comportamentos. As experiências concretas são utilizadas como bases para observações e reflexões, que serão assimiladas e transformadas em conceitos abstratos a partir dos quais novas formulações poderão ser delineadas. Com base nessa mudança de visão, os estudantes alteram também seu comportamento e sua interpretação da realidade. Essas implicações podem ser testadas e servir de guia na criação de um novo repertório de experiências.

A ELT enxerga o processo de aprendizagem a partir de quatro etapas, que constituem um ciclo de aprendizado. O aluno passa pela fase da experiência concreta (CE), na qual se envolve completamente em novas experiências; pela fase da observação reflexiva (RO), em que observa suas experiências e reflete a partir de outras perspectivas; pela fase da conceituação abstrata (AC), na qual criará novos conceitos, integrando de modo lógico suas observações; e, por fim, pela fase da experimentação ativa (AE), quando será capaz de usar esse novo repertório para tomar decisões e resolver problemas, testando, assim, suas teorias. A figura esquematiza o ciclo de aprendizagem experiencial de Kolb.

FIGURA 1 – Ciclo de aprendizagem experiencial

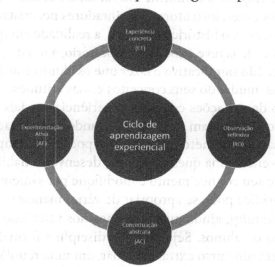

Fonte: Adaptada de Kolb (1984).

A *experiential learning* difere do ensino convencional justamente porque os alunos gerenciam seu próprio aprendizado, em vez de se restringir a seguir as orientações dos professores sobre o que fazer e quando fazer, como explica Moon (2004, p. 165). Logo, a relação entre ambos os lados se modifica, uma vez que o docente delega muitas responsabilidades aos discentes. Sob essa perspectiva, a relação entre professores e alunos não é vista como vertical, mas como uma espécie de grupo de trabalho. O vínculo entre todos os participantes e o papel de docentes ou instrutores muda radicalmente – de detentores e transmissores de saber, nessa forma de compreender o ensino, professores passam a ser facilitadores do aprendizado, em uma relação horizontal e coletiva com seus estudantes. Os discentes, por sua vez, também passam a desenvolver uma relação cooperativa com seus pares, configurando uma equipe empenhada em determinado objetivo, não sendo mais passivos, nem indivíduos concorrentes ou justapostos para receber um produto final, mas ativos, vivenciando diversas experiências que se consolidarão em conhecimento após a reflexão sobre a prática.

Além disso, para essa abordagem, o aprendizado não se limita à sala de aula, a conteúdos curriculares ou a textos acadêmicos, mas se dá quando o aprendiz precisa identificar os conhecimentos que adquiriu, refletindo sobre a própria trajetória conforme ela vai sendo construída. No ensino experiencial, docentes, instrutores e facilitadores necessitam considerar, no curso do processo, o histórico do aluno, a realidade em que ele vive, as experiências que ele já teve e todo seu repertório, a fim de ter sucesso em tornar um conteúdo significativo e fazer que os alunos considerem outros pontos de vistas, mudando seus conceitos e suas atitudes.

O resultado dessas ações combina experiências sociais e pessoais do estudante, das quais derivam sua visão de mundo e sua atuação. Com base nessas premissas, vários métodos e técnicas podem ser empregados para que o aluno vivencie uma questão, reflita, desenvolva habilidades, construa ativamente seu conhecimento e modifique pensamentos e atitudes.

O ensino jurídico pode se apropriar de várias maneiras do paradigma da *experiential learning*, ainda que estejamos nos referindo a cursos com grande número de alunos. Seja em uma disciplina formal do currículo universitário, em um curso extracurricular, em uma reunião de trabalho ou mesmo na discussão de algum tema, algumas ferramentas podem facilitar o diálogo entre os participantes, de modo que cada membro traga suas próprias contribuições e ressignifique suas experiências.

É necessário ressaltar, entretanto, que não existe uma forma rígida de se inserir o ensino experiencial em sala de aula. O fundamental para que isso aconteça é uma mudança na postura de alunos e professores quanto ao significado de ensinar e aprender. O processo se torna tão importante quanto o resultado final atingido. Por essa razão, a ELT também envolve elementos de avaliação ou autoavaliação do processo como um todo, que podem se dar de diversas formas.

Para auxiliar o professor a discernir se o ambiente criado está sendo propício ao ensino experiencial, há uma série de princípios que são igualmente fundamentais. Não importa em qual atividade o estudante estiver envolvido ou onde o aprendizado estiver ocorrendo, esses prin-

4. NOSSAS INSPIRAÇÕES

cípios precisam estar presentes em algum momento, em graus variados, durante a *experiential learning*.

> Segundo Chapman, McPhee e Proudman (1995, p. 243), as características que devem estar presentes em uma atividade ou um método definido como experiencial são nove:
>
> **1. Mistura de conteúdo e processo:** é preciso que haja um equilíbrio entre atividades experienciais e conteúdos ou teorias essenciais.
>
> **2. Ausência de julgamento excessivo:** o instrutor deve criar um ambiente seguro para os estudantes se desenvolverem por meio de seu próprio processo de descoberta, com espaço para que possam errar e aprender com seus erros.
>
> **3. Engajamento em propósitos intencionais:** o aprendiz é autodidata, por isso deve haver uma razão para o estudante aprender. As atividades de aprendizagem devem ser pessoalmente relevantes para o estudante.
>
> **4. Encorajamento da perspectiva do panorama geral:** as atividades experienciais devem permitir que os estudantes façam conexões entre o aprendizado que estão tendo e o mundo. Elas devem desenvolver nos alunos a habilidade de relacionar os sistemas complexos e encontrar um caminho para trabalhar neles.
>
> **5. O papel da reflexão:** os alunos devem ser capazes de refletir sobre sua própria aprendizagem, trazendo a teoria para o dia a dia e tendo *insights* sobre si mesmos e suas interações no mundo.
>
> **6. Criação de investimento emocional:** os estudantes devem ser totalmente imersos na experiência, não somente fazendo o que se espera que seja feito por eles. O processo precisa engajar o estudante a um ponto em que o aprendizado e a experiência atinjam um ponto crítico e central para ele.
>
> **7. Revisão de valores:** por trabalharem em um ambiente configurado para ser seguro à autoexploração, os estudantes podem começar a analisar e até mesmo a mudar seus próprios valores.
>
> **8. Presença de relações significativas:** um modo de fazer que os estudantes vejam seu próprio aprendizado em um contexto global é começar mostrando a relação entre o aprendiz de si mesmo, o aprendiz de professor e o aprendiz do ambiente de aprendizado.
>
> **9. Aprendizado fora da zona de conforto:** o aprendizado é elevado quando os estudantes têm a oportunidade de agir fora do que eles consideram sua zona de conforto. Isso não se refere somente ao ambiente físico, mas também social. Essa desestabilização pode ser obtida, por exemplo, pela responsabilização por uma ação e pela exigência de ter que arcar com as consequências dela. Frisamos, porém, que sair da zona de conforto não deve ser entrar em uma zona de pânico.

Em síntese, o ensino experiencial não é um novo método ou uma técnica a ser aplicada, mas uma nova forma de compreender a relação ensino-aprendizagem através da consideração do aluno como sujeito ativo que tem suas próprias experiências e é capaz de aprender através de uma reflexão sobre elas.

4.2. Aprendizagem por projetos: como solucionar desafios de maneira colaborativa

A aprendizagem baseada em projetos – em inglês *project-based learning* (PjBL) – é uma metodologia de ensino participativo centrada no aluno que envolve uma abordagem dinâmica na elaboração de um projeto em comum de médio a longo prazo. São apresentados desafios não triviais, a partir dos quais os estudantes devem investigar problemas e trabalhar conceitos com o objetivo de encontrar uma solução. No processo, desenvolvem habilidades relacionadas ao trabalho em equipe, à execução de tarefas e ao cumprimento de prazos, entre outras.

A PjBL é um método de ensino que combina muito bem com a abordagem do ensino experiencial, permitindo-se, através das dinâmicas próprias do processo de elaboração de um projeto, um aprendizado profundo e transformador. Muito embora seja estratégia independente do ensino experiencial, por se tratar de um método de ensino já consolidado, compreendemos que é desejável a utilização de todos os princípios abordados no tópico anterior durante a aplicação de uma metodologia baseada na elaboração de projetos, de modo que, sustentado pelo pilar do ensino experiencial, a PjBL se torne ainda mais significativa na sua função de trabalhar novos conhecimentos e, principalmente, desenvolver competências e atitudes necessárias aos profissionais dos novos tempos.

No desenvolvimento de seus projetos, os alunos precisam ter consciência do planejamento, para que possam disponibilizar de tempo a fim de pesquisar vários caminhos possíveis à resolução do problema e atuar efetivamente para entregar uma resposta adequada e prática ao desafio apresentado. Tudo isso será realizado com o auxílio do docente, que tem o papel de facilitar o processo e incentivar a análise crítica das soluções apontadas pelos estudantes. De modo concreto, raramente o facilitador determinará encontros para os alunos. Ao contrário, desejará saber quem os grupos querem consultar, de quais atividades eles sentem

4. NOSSAS INSPIRAÇÕES

necessidade e poderá intervir, se chamado pelos alunos, para ajudá-los a identificar problemas no projeto e estimulá-los a pensar em alternativas.

Para que haja o efeito esperado, os temas e problemas necessitam ser motivadores; caso contrário, não haverá interesse e engajamento para a realização do projeto. Trata-se de aproveitar a motivação que vem de dentro (interna), trabalhar com aquilo que as pessoas veem como significativo. Essa, aliás, é uma das observações que surgem com mais frequência em conversas com professores: os alunos só querem saber daquilo que tem sentido para eles.[15] A motivação para a aprendizagem pode emergir, por exemplo, da promessa de que o projeto impactará o mundo de uma forma a torná-lo melhor, ainda que seja apenas em âmbito local (como uma inovação para melhorar o ambiente da sala de aula ou da faculdade).

Além de um tema interessante, é importante o cultivo de um clima colaborativo entre todos os participantes, incentivando-se o compartilhamento do conhecimento. Aprender ganha outro significado quando se descobre a aprender colaborativamente. Os alunos passam a sentir motivação e responsabilidade em relação a cada um dos participantes, uma vez que desejam concretizar o impacto social de seu projeto.

No projeto, os problemas não aparecem de modo compartimentado como ocorre em disciplinas isoladas, mas surgem para os alunos em toda sua complexidade, misturando-se a outros e borrando a clareza entre causas e efeitos. Muitos deles sequer são antecipáveis, de modo que isso exige uma postura criativa dos alunos, que necessitam saber aplicar diversas áreas do saber para improvisar e implementar uma solução.

Por isso o papel do professor e sua relação com os alunos também são modificados de modo profundo. O docente não apresentará a solução, mas ajudará os estudantes a seguirem seu próprio caminho a partir de perguntas estratégicas, de maneira que, orientados por seus projetos, os alunos serão os responsáveis pelas decisões que tomarem e pela construção coletiva de seu conhecimento. Isso não significa eliminar a importância do docente, que terá a função de acompanhar as escolhas

---

[15] Este é o mote para o argumento de Ghirardi (2016, p. 12): "sobretudo no âmbito universitário – em que estudantes adultos recebem mal qualquer censura em relação à sua postura como discentes –, vai ficando cada mais desgastada a lógica que tradicionalmente regia as relações entre professores e alunos no âmbito da sala de aula".

e o processo de grupo por meio de avaliações e *feedbacks* ao longo do curso, alertando os alunos principalmente quanto aos grandes erros de projeto. Cabe-lhe aceitar caminhos que sejam viáveis, jamais impondo aquele que acredita ser a única solução possível aos estudantes.

Os discentes devem ser os responsáveis pelos resultados finais apresentados e pelo gerenciamento das tarefas, do tempo e da motivação da equipe, adquirindo não apenas um senso de responsabilidade social, mas também uma importante visão de autonomia. Aos participantes desse tipo de ensino, podem ser listados ganhos que vão desde o estabelecimento do pensamento crítico à resolução de problemas, de aprender a lidar com conflitos grupais, ao desenvolvimento da autocrítica, do fortalecimento da postura de cooperação e uma melhor comunicação com os demais.

A forma como o ensino por projetos é inserido no currículo pode se dar de modo variado, podendo orientar todo um currículo ou apenas algumas atividades práticas. Alguns projetos envolvem toda a turma, ou mesmo diferentes turmas, enquanto outros são realizados dentro de uma disciplina em pequenos grupos. A escolha do projeto em si também variará conforme os objetivos de aprendizados fixados na disciplina e os recursos e parceiros disponíveis. Tudo isso precisa ser adequado à realidade da instituição, dos professores e dos alunos, de modo a se criar uma proposta de um projeto cuja elaboração seja factível e cujo impacto seja relevante naquele contexto de sua aplicação.

Em relação à avaliação, na PjBL o instrutor tem o papel de regular o sucesso do aluno, como mencionado. Para isso, vale-se de metas intermediárias que garantirão o foco do grupo no projeto, incentivando a compreensão dos conceitos que estão sendo pesquisados. É fundamental mencionar que não basta apenas a avaliação do produto final. São necessários *feedbacks* e avaliações contínuas para que os alunos possam se ajustar ao longo do processo e não cometam um erro que, posteriormente, poderá gerar uma crise e o desmoronamento de todo o projeto.

Essas avaliações são formativas, orientando não o resultado final, mas o processo de consulta, garantindo que o aluno tenha tido contato com o conteúdo necessário para a elaboração do projeto. Em outras palavras, não é possível conduzir uma PjBL bem-sucedida apenas com atribuição de nota ao final (por meio de uma prova, por exemplo). É importante compor um conjunto de instrumentos para verificar também

4. NOSSAS INSPIRAÇÕES

se os alunos conseguiram realizar perguntas, se têm consciência sobre o conhecimento aprendido e se conseguem determinar soluções para as questões apresentadas, além de meios para aferir outras habilidades previstas no plano da disciplina, como a capacidade de comunicação e de liderança. É o exemplo do uso de avaliações individuais aferidas por meio de notas de pesquisa, notas preparatórias de ensino ou até mesmo observação do professor.

O foco na análise do produto para a composição da avaliação pode gerar uma distorção na aplicação da PjBL, uma vez que os alunos talvez se centrem mais no resultado final apresentado do que nos conteúdos e nas reflexões necessárias para a elaboração daquele projeto. Isso acontece quando, por exemplo, projetos acadêmicos culminam em uma exibição artística que coloque mais ênfase nos processos artísticos envolvidos na criação da exibição do que no conteúdo acadêmico com o qual o projeto pretende ajudar os alunos a aprenderem, sendo insuficiente, assim, para o desenvolvimento das competências, das atitudes e dos aprendizados do conteúdo esperado.

> Em síntese, a PjBL é uma abordagem instrucional construída sobre atividades de aprendizagem e tarefas reais que trazem desafios para os alunos resolverem. Essas atividades geralmente refletem os tipos de aprendizagem e trabalho que as pessoas realizam no dia a dia fora da sala de aula.
>
> Geralmente ela envolve grupos de estudantes trabalhando juntos em direção a um objetivo comum, levando-os a aprender não apenas conteúdo, mas também importantes habilidades para atuarem como adultos em nossa sociedade, como comunicação e apresentação, organização e gestão de tempo, pesquisa, autoavaliação, reflexão crítica, participação em grupo e liderança.
>
> O desempenho é avaliado individualmente e leva em conta a qualidade do produto produzido, a profundidade da compreensão de conteúdo demonstrada e as contribuições feitas ao processo contínuo de realização do projeto.
>
> A PjBL permite que os alunos reflitam sobre suas próprias ideias e opiniões, tomando decisões que afetarão os resultados do projeto e o processo de aprendizagem em geral. Eles podem chegar a um produto final de alta qualidade, mas é importante acolher os erros e enfatizar o processo de aprendizagem em si – afinal de contas, é na faculdade que eles poderão ter a oportunidade de errar.

4.3. *Design thinking*: como desenvolver empatia e criatividade em sala de aula

O *design thinking* (DT) é uma técnica que auxilia no processo de descoberta, delimitação e resolução criativa de problemas ao permitir o engajamento de uma equipe para concretizar tarefas bem definidas. Muito utilizado no ambiente de negócios, tem sido aplicado em outras diversas áreas, dada sua potencialidade para gerar inovações criativas. Uma das áreas que têm se beneficiado com o uso da técnica é a da educação.

O designer é aquele que, identificando problemas, analisa-os sob diferentes ângulos a fim de gerar soluções que, de alguma forma, melhorem a vida das pessoas. O processo do DT em sala de aula, portanto, auxilia os alunos a pensar como um designer, formulando perguntas, por meio da observação, para criar novas soluções de problemas concretos (VIANNA *et al.*, 2012).

O DT é uma estratégia inerentemente centrada no ser humano, de modo que, para a compreensão das diversas facetas de um cenário, é necessário primeiramente se colocar na posição daqueles que são atingidos pelo problema, gerando, portanto, empatia entre as pessoas. Por combinar a lógica com a criatividade, o processo de DT é fluido e percorre diversas etapas, que terminarão em um projeto ou plano de ação para a questão enfrentada. Para tanto, é necessário compartilhar o conhecimento, prototipar as soluções, testá-las e ter a capacidade de aceitar os riscos e se readaptar mediante os *feedbacks* oferecidos (PWR, 2015).

Como técnica, existem variadas formas de se aplicar o DT. No geral, modificam-se os nomes e a quantidade das etapas. Essas mudanças ocorrerão de acordo com o objetivo perseguido. Todas as técnicas têm em comum, entretanto, a mesma base: encontrar e definir o problema a partir de um processo de empatia e compreensão das "dores" das pessoas afetadas, estruturar oportunidades de solução, prototipá-las, testá-las e adequá-las de acordo com os *feedbacks*. Algumas utilizam etapas prévias, como compreender o público para o qual a solução será destinada, no caso de uma experiência de criação de um produto para vendas, por exemplo; outras possuem a etapa da descoberta, em vez da definição do problema, quando o desafio ainda não é conhecido em um primeiro momento, como no caso de uma estratégia do uso de DT para educadores (INSTITUTO EDUCADIGITAL, n.d.).

4. NOSSAS INSPIRAÇÕES

Particularmente, preferimos fazer uma adaptação ao processo a partir do chamado questionamento apreciativo. Nesse modelo, damos mais atenção às possibilidades de mudança, ao que funciona, a como ele poderia ser melhor e ao que precisamos fazer para chegar lá. Com isso, estimulamos os alunos a trazer soluções que nos levem ao local desejado, trabalhando com as possibilidades de atuação mais do que com o foco nos desafios que será preciso enfrentar. É uma forma diferente de observar o meio no qual se encontram, e acreditamos ser capaz de gerar comprometimento a fim de que os estudantes tenham motivação para atingir o ideal projetado.

Existem diversas estratégias para se colocar o DT em ação. Apresentamos aquela que consiste no progresso de cinco etapas, com uma visão já mais apreciativa (DONNAN, 2005):

Design thinking por uma visão apreciativa

1ª etapa: Definição

Esta primeira etapa tem o objetivo de aproximar os participantes e definir qual será o desafio.

Para tanto, eles devem formulá-lo como uma pergunta ou afirmação, escolhendo-se preferencialmente uma abordagem afirmativa. Assim, o enfoque será naquilo que precisa ser melhorado, embora não de uma forma que mostre o problema. Procura-se mostrar a potencialidade que o projeto tem de engajar as pessoas em uma transformação relevante. Após se compreender qual é o desafio em questão, deve-se definir um roteiro de pesquisa, as fontes de pesquisa e o planejamento de como abordá-lo. Essa primeira imersão pode ser registrada por meio de lembretes visuais.

2ª etapa: Descoberta

Em seguida, com os dados já coletados, devem-se interpretar os significados e transformá-los em oportunidades de ação para solução do desafio. É necessário pensar o que de melhor se pode extrair das oportunidades que aqueles desafios trazem, compartilhando histórias a demonstrar seus meios de mudança. É muito importante documentar todas as ideias e informações, histórias, aprendizados e impressões. Agrupar todas as descobertas por temas também pode ser útil para organizar os próximos passos. Isso pode ser realizado por meio de apontamentos ou *post-its*, tornando mais visuais e claras todas as ideias do grupo. Para estruturar um plano de ação, pode-se registrar mapas visuais, fluxogramas, matrizes, diagramas e ilustrações diversas, de modo a facilitar a identificação de questões e de ações pelos membros do grupo.

3ª etapa: Sonhar

Nesta etapa, o objetivo é gerar várias ideias, ousadas e criativas. Por meio de *brainstorming* e evitando julgamentos, os participantes devem se sentir encorajados a criar e a expor o máximo de ideias perante o grupo. A ideia é que eles possam idealizar como o mundo seria com aquele desafio solucionado. Desse modo, podem encontrar novas alternativas para a mudança que, ao olhar apenas para o problema, não encontrariam. Ainda que uma ideia não seja aplicável, a partir dela podem ser propostas outras. Após identificar oportunidades de resolver o desafio, faz-se uma votação das ideias favoritas, discutem-se resultados, traçam-se esboços visuais sobre as melhores estratégias para ir refinando melhor os caminhos possíveis.

4ª etapa: Design

Na quarta etapa é quando as ideias ganham vida. A construção de protótipos sobre as ideias discutidas e escolhidas na etapa anterior passam a ficar mais tangíveis. Por meio de técnicas como *storyboard, role-play*, encenações, recursos digitais de ilustração, maquetes ou histórias simples, vai-se concretizando e definindo um maior contorno das ideias e de soluções. Dessa maneira, é possível que os membros visualizem algo mais concreto sobre o qual refletir e opinar. Para isso, é fundamental a criação de um roteiro de perguntas ou critérios a serem respondidos durante as discussões de *feedback*. Essa atividade refina ideias e possibilidades, permitindo aos alunos identificarem pontos fortes, fracos e as necessidades, modificarem detalhes e implementarem melhorias. Novamente, tudo deve ser registrado e documentado.

5ª etapa: Entrega

Esta última etapa envolve o planejamento mais concreto dos próximos passos, um cronograma de implementação e a documentação do processo e de seu progresso. Igualmente, definem-se os indicadores de sucesso, os impactos e possíveis avanços no sentido de aprimorar as ideias estabelecidas. O acompanhamento do aprendizado e de sua continuidade são fundamentais, pois toda ideia pode ser sempre melhorada. É crucial neste encerramento trocar impressões, fazendo que cada participante expresse seus aprendizados. Um resultado positivo que pode se originar deste momento é a construção de uma rede ou de uma comunidade disposta à aprendizagem conjunta.

Em suma, o DT busca promover um ambiente propício à criatividade dos participantes, priorizando o trabalho colaborativo e multidisciplinar, que, focado em etapas, vai literalmente desenhando caminhos e soluções até se chegar a uma proposta concreta de resolução de problemas complexos e de transformação da realidade. Em relação à avaliação, o DT também conduz a uma avaliação continuada. A cada etapa superada deve-se conferir se os estudantes estão cumprindo seus objetivos e se encaminhando para a conclusão do projeto.

A visão integrada que esse método proporciona, bem como os recursos visuais, ajudam a concretizar o que muitas vezes são apenas ideias abstratas. O exercício de colocar no concreto o que está sendo discutido ou problematizado é uma maneira criativa de lidar com dificuldades e de resolvê-las. Após os participantes visualizarem uma ideia ou proposta, conseguem refletir sobre a viabilidade, outros caminhos e possibilidades. Por fim, esses recursos visuais ajudam na comunicação de uma mensagem entre todos seus membros, permitindo-lhes, de modo colaborativo e controlado, expor uma ideia, melhorá-la, encontrar soluções e aprender coletivamente.

Essa ferramenta pode ser utilizada tanto para facilitar a execução de um projeto, dentro de uma atividade que empregue a metodologia do PjBL, por exemplo, ou até mesmo durante uma única aula com o objetivo de trabalhar possibilidades de soluções para uma questão mais pontual. Ela facilita a resolução dos desafios enfrentados ao longo da elaboração do produto final entregue pelos alunos e, ainda, por ser focada nos humanos, é ideal para o ensino através da experiência, permitindo-se o aprendizado aberto ao erro, adaptável, dinâmico e interativo.

Algumas experiências em faculdades de Direito estão sendo implementadas com o uso do DT. Destaca-se a experiência do Legal Design Lab da Universidade Stanford, na qual o Direito, a tecnologia e o design colaboram juntos para a propositura de novas soluções à melhoria dos serviços jurídicos. A inserção do time multidisciplinar ajuda a pensar, por exemplo, em como oferecer ferramentas eficientes para que o cidadão comum possa navegar mais facilmente pelos sistemas legais, melhorando, desse modo, o acesso à Justiça (STANFORD LEGAL DESIGN LAB, 2013-2018).

Veremos outras instituições que se destacam na implementação dessas inspirações para mudar sua forma de ensino. Ainda que não se limitem ao campo do ensino jurídico, as estratégias utilizadas servem de inspiração para inovações que podem ser realizadas no campo do ensino do Direito.

4.4. Experiências inspiradoras que concretizam essas ideias

Neste tópico, serão listadas algumas experiências que podem auxiliar na compreensão de como tais inspirações são aplicadas ao ensino/aprendizagem dos estudantes no desenvolvimento dos conhecimentos, competências e atitudes necessárias para o século XXI. Em seguida, será descrita a experiência da FGV DIREITO SP na reformulação de seu currículo para a inserção dessas novas abordagens metodológicas. Por fim, serão detalhadas duas experiências específicas realizadas em disciplinas de imersão na FGV DIREITO SP sobre direito e tecnologia.

4.4.1. Escola KaosPilot (Dinamarca)

KaosPilot, (em português, "Piloto do Caos") é uma escola internacional de Negócios, Design e Inovação Social que existe desde 1991, com sede em Aarhus, na Dinamarca. Seu nome já nos antecipa sua filosofia de ensino. Ela tem como objetivo guiar os estudantes para que estes possam não só navegar bem dentro de um mundo fluido, em constante mudança, mas para que possam, eles próprios, construir o futuro que esperam, de uma forma socialmente responsável.

Os times de alunos aprendem a planejar e executar um projeto, a vender ideias, a fazer um plano de negócios colaborativamente. Eles desenvolvem sua criatividade e o trabalho cooperativo. Também são motivados a inspirar os outros e a si mesmos, aproveitando cada evento inesperado como uma oportunidade e mantendo-se abertos a novas ideias. As atividades reforçam o equilíbrio entre corpo e mente, uma vez que o projeto pedagógico acredita na importância da tranquilidade para a aprendizagem, apoiada, porém, na motivação e na paixão pelo que se faz.

A ideia da escola é que os alunos aprendam a realizar seus sonhos. Nela, os estudantes são julgados pela relevância social de seu projeto, pelo design e pela forma como o comunicam, como eles lidam com o inesperado e, acima de tudo, por como eles próprios conseguem se avaliar. A instituição já possui mais de 25 anos com bons resultados. Atualmente, tem expandido sua fronteira pelo mundo com treinamentos voltados ao desenvolvimento de líderes inovadores (KAOSPILOT, 2018).

4.4.2. Formação Integrada para a Sustentabilidade (FIS) (FGV EAESP)

O curso Formação Integrada para a Sustentabilidade (FIS) foi criado em 2010 como uma disciplina eletiva da FGV EAESP. Ele surgiu com

4. NOSSAS INSPIRAÇÕES

a missão de levar os alunos das escolas de negócios a perceberem a importância dos temas da responsabilidade social corporativa e da sustentabilidade em sua atuação profissional, como destacado pela ONU no documento Principles for Responsible Management Education (PRME).

O FIS tem como principal objetivo instigar a transformação das atitudes e ações dos estudantes, por meio da reflexão também experiencial, trazendo um novo sentido à prática profissional, que precisa estar atenta à interdependência entre processo produtivo e sustentabilidade. Na linha das demais experiências inspiradoras, durante o semestre, os alunos estudam um projeto real, chamado projeto de referência, a partir do qual irão analisar conteúdo, teoria e práticas específicas. Toda aprendizagem é mediada pela reflexão, pelo diálogo, por jogos e por visitas de campo, sendo conduzida por um processo de *coaching* coordenado pela equipe facilitadora. Os participantes também contam com uma imersão de oito dias em campo para finalizarem a execução do projeto de referência e apresentarem, ao final, suas conclusões a especialistas previamente selecionados (CENTRO DE ESTUDOS EM SUSTENTABILIDADE DA FGV EAESP, 2013).[16]

4.4.3. Intent – Formação Integrada para Liderança Empreendedora (FGV EAESP)

Já o Intent é um programa de um semestre, recém-criado no curso de graduação em Administração de Empresas da FGV EAESP (2017), e coordenado pelo professor Francisco Aranha e pelos demais membros da equipe do Centro de Desenvolvimento do Ensino e da Aprendizagem (Cedea) da FGV EAESP. O curso visa ao desenvolvimento da liderança empreendedora por meio de dinâmicas que procuram inserir os participantes em atividades experienciais de ensino para, depois, executarem um projeto prático com um parceiro real, estabelecendo uma atividade de relevância social para o mundo. Ele se divide em três grandes temas: senso de direção, que auxilia no processo de autoconhecimento e decisões dos aprendizes; trabalho em equipe, que visa obter a formação de times integrados e colaborativos; e, por fim, a liderança, que é compreendida como flutuante, uma vez que todos os membros podem propor ações que conduzam com mais proximidade ao atingimento do objetivo.

---

[16] Para mais detalhes sobre o programa, cf. FIS, 2015.

ENSINO JURÍDICO E INOVAÇÃO

Todo o programa é estruturado em três ciclos, que passam desde a formação pessoal e do grupo à entrega de um projeto curto. Ao final, os grupos desenvolvem uma consultoria para clientes reais, parceiros, colocando em prática tanto o que aprenderam durante o semestre quanto os demais conteúdos trabalhados ao longo da graduação. O curso vem se mostrando bem-sucedido e já caminha para sua quarta edição (FGV EAESP, 2018).

5. Como fazemos um planejamento de curso com ensino participativo?

A partir dessas diferentes inspirações, e à luz das grandes transformações mencionadas anteriormente, como, então, criar um curso que incorpore todas essas inovações de modo factível?

5.1. Elaboração de programas a partir de objetivos claros

O mais importante para a elaboração de qualquer curso é saber aonde se deseja chegar com a proposta. Os cursos mais tradicionais ainda são montados seguindo a lógica da transmissão de determinado conteúdo para o atingimento de determinado fim – que geralmente é passar nos exames ao final da disciplina. O objetivo de aprendizagem é a memorização e a reprodução das informações e, nas versões mais elaboradas, a aplicação de conceitos a casos concretos. Evidência disso é que a nota máxima é reservada para aquelas provas que conseguem reproduzir a maior quantidade de informações e conceitos transmitidos pelo professor ao longo do curso.

No ensino participativo, em geral, os objetivos são mais diversos e complexos. Isso ocorre porque a informação não é mais importante do que o desenvolvimento de outras competências e o despertar de novas vivências. O que se deseja é que os alunos consigam atingir variados objetivos de aprendizagem, que vão desde seu aprimoramento intrapessoal, como a gestão de emoções, até sua relação com os demais, como no trabalho em equipe. Assim, essa forma de vai além dos tradicionais objetivos de "dominar o conteúdo programático" ou "assimilar bem a matéria".

É importante que o curso seja construído sabendo-se o perfil de aluno que se deseja formar e as competências, as habilidades e as atitudes que se quer despertar nos estudantes. Para tanto, um primeiro passo relevante é definir o objetivo geral de formação, que guiará a proposta de todas as aulas, bem como a identificação de objetivos secundários que também constarão no programa. Uma boa estratégia é formular o objetivo geral em uma frase concisa, clara e direta, e, a partir dele, extrair objetivos mais detalhados de formação.

A definição dos objetivos no programa pode ser feita individualmente. Contudo, recomendamos que seja realizada com o apoio de uma equipe diversificada dentro da própria instituição, ainda que liderada pelo professor que estará à frente da aplicação da disciplina. Os objetivos definidos vão dar um norte para todo o processo de elaboração do curso. Recomendamos que os objetivos estejam em consonância com a proposta pedagógica da instituição, mas também acreditamos que a definição dos objetivos é um processo eminentemente criativo e de reflexão sobre como queremos que nossos alunos sejam impactados pelo curso. Acreditamos que é vantajoso permitir que vários *inputs* possam ser oferecidos por diferentes pessoas na construção do programa de curso. Isso permite que, a partir de suas distintas visões e concepções de mundo, auxiliem na formação mais completa dos objetivos a serem desenvolvidos e trabalhados.

Embora não exista um único modo para a condução do trabalho criativo, costumamos realizar em nossos processos uma sessão de tempestade cerebral (*brainstorm*) para, em equipe (professor e assistentes), definirmos o objetivo principal e os secundários. Algumas dinâmicas podem facilitar a criação, como pensar em verbos diferentes para a construção do programa[17] ou usar *post-its* para escrita livre de propostas de objetivos, com posterior votação do grupo àquelas que possuam ressonância junto aos demais participantes.

---

[17] Se necessário, para ativar o processo criativo, é possível realizar uma atividade lúdica de inspiração: o *stop* (ou adedonha em algumas regiões). Sorteia-se uma letra e todos os participantes devem falar, alternadamente, um verbo inédito que possa introduzir um objetivo de aprendizagem. O participante que não conseguir falar um verbo no tempo indicado estará fora da rodada, que termina quando só restar uma pessoa.

5. COMO FAZEMOS UM PLANEJAMENTO DE CURSO COM ENSINO PARTICIPATIVO?

Definidos os objetivos, passa-se ao planejamento aula a aula do que ocorrerá em todos os encontros. É o momento de analisar o cronograma de execução do curso. A quantidade de aulas e de dias nos quais o curso transcorrerá influenciará as atividades a serem criadas. Pode ser tanto um curso imersivo como um que se estenda por um semestre letivo inteiro. A ideia é que as aulas possam ser desenhadas para estarem concatenadas, de modo a permitir aos alunos participarem de uma experiência com início, meio e fim, na qual cada passo leva ao seguinte, concluindo, ao final, com o fechamento e que possibilite a compreensão dos resultados do processo de aprendizagem pelos estudantes.

Nesse momento, também é necessário observar outros elementos que irão compor a definição do programa aula a aula. Salientamos a própria estrutura oferecida pela instituição, a disposição da sala de aula, o material disponível, o uso da internet, bem como a quantidade e o perfil dos alunos que irão compor a turma. Em relação ao perfil, alguns questionamentos pertinentes dizem respeito à quantidade (são muitos ou poucos alunos?), à sua carga de trabalho (só estudam ou trabalham?), à sua experiência de vida (quais são suas trajetórias e vivência?) e de curso (estão no início ou no final do curso?), à sua composição em termos de conhecimentos técnicos prévios (são de semestres iniciais ou variados?). A escolha dos membros da turma e a quantidade de participantes podem ser limitadas pela instituição, ou, caso seja uma liberalidade do professor, deverão ser levadas em consideração no momento de elaboração do programa de curso.

Aqui vale uma nota sobre a prática do ensino participativo e a composição da turma. Duas reclamações são muito comuns sobre o corpo discente: as turmas podem ser muito heterogêneas e os alunos podem não ter conhecimento prévio para a disciplina. O ensino participativo oferece resposta a essas duas reclamações. Em relação à primeira, a heterogeneidade da turma representa uma riqueza de experiências de vida que, impactadas pelas vivências que os alunos têm em sala de aula, geram uma profusão de opiniões, mudança de interpretação da realidade e refinamento da reflexão sobre o mundo. Cabe ao docente criar as condições para que visões consolidadas sejam desestabilizadas e reestabilizadas por meio da experiência e da interação entre estudantes. Em relação à segunda reclamação, a resposta passa por uma distinção entre o conhecimento prévio técnico e o leigo. Todas as pessoas chegam à sala de aula com sua bagagem de vida e até mesmo com conceitos pré-construídos. A boa aula é aquela que cria condições para que os alunos mobilizem essa bagagem a fim de conhecer e/ou refinar conceitos, integrá-los à sua realidade e, em um nível mais profundo, utilizá-los para inovar ou criticar a realidade.

Fechados os parênteses, o encadeamento das aulas e das dinâmicas deve tomar por base os objetivos do curso, bem como o perfil dos participantes, o número e os temas de aulas existentes. É necessário também levar em consideração os limites físicos e de materiais da própria instituição. As dinâmicas precisam, pois, ser pensadas e trabalhadas tendo em mente somente os materiais e os recursos disponíveis na própria instituição, bem como o grau de maturidade pessoal e intelectual dos alunos.

Superada essa reflexão, pode-se iniciar o detalhamento de cada aula por meio da elaboração de uma nota de ensino, na qual há a descrição dos principais elementos pedagógicos da aula (objetivos a serem alcançados, descrição das atividades, forma de avaliação de desempenho – com ou sem atribuição de nota). O mais importante na construção das notas é a elaboração da dinâmica de acordo com os objetivos de cada encontro. Pode ou não haver a necessidade de preparação dos estudantes, o que, desde já, deverá ser previsto. O registro não precisa contemplar necessariamente uma aula. Cada nota pode detalhar uma atividade, um encontro ou um conjunto de aulas, dependendo da complexidade da atividade.

A Figura 2 apresenta um modelo básico de nota de ensino utilizado pelos professores do Centro de Ensino e Pesquisa em Inovação (CEPI) da FGV DIREITO SP (antigo Núcleo de Metodologia de Ensino) para a elaboração das aulas. Sua utilidade reside menos na existência de um suporte onde registrar o plano e mais nas perguntas que convidam à reflexão sobre diferentes elementos da prática pedagógica. O recurso também é útil para a memória do curso: o conjunto dos documentos formará o acervo do professor e permitirá aplicação posterior, seja pelo próprio criador ou por outro docente, caso a atividade seja compartilhada no futuro. Ao final desta obra (Anexos 2 e 3), você terá acesso às notas de ensino de todos os encontros de duas disciplinas de imersão oferecidas em 2018, no âmbito da graduação da FGV DIREITO SP.

5. COMO FAZEMOS UM PLANEJAMENTO DE CURSO COM ENSINO PARTICIPATIVO?

FIGURA 2 – Modelo padrão de nota de ensino adotada nos cursos do Centro de Ensino e Pesquisa em Inovação (CEPI) da FGV DIREITO SP

NOTA DE ENSINO – MODELO PADRÃO	
NOME DA ATIVIDADE	*Inserir um nome para a atividade (se a nota disser respeito a uma dinâmica).*
AUTORES	*Inserir o nome do(a) criador(a) ou dos(as) criadores(as) da nota.*
PÚBLICO-ALVO E CONTEXTO EM QUE A ATIVIDADE PODE SER APLICADA	*Refletir sobre o público-alvo da atividade e o contexto em que ela será aplicada. Ela foi pensada para alunos e alunas em qual estágio de formação? Quais são suas principais características? Como a atividade pode se destinar aos diferentes perfis de alunos(as)? De que forma a atividade se relaciona com seus variados interesses e práticas cotidianas? Onde a aula será aplicada? Quais são as principais características do local/da instituição? Quais são os recursos disponíveis?*
OBJETIVOS	*Refletir sobre as seguintes questões:* *1) Qual é o problema geral a ser abordado na atividade?* *2) O objetivo predominante da atividade é que o(a) estudante:* a) adquira um conjunto de informações? Se sim, quais? b) aprenda determinada(s) prática(s)? Se sim, qual(is)? c) aprenda a refletir criticamente sobre determinada(s) questão(ões)? Se sim, qual(is)? *3) Por que esse objetivo é importante?*
NÚMERO DE ALUNOS/AS QUE PARTICIPARÃO DA DINÂMICA	*Inserir o número de alunos(as) que participarão da dinâmica; se for necessário dividi-los em grupos, indicar como se dará a divisão.*
TEMPO DE APLICAÇÃO	*Indicar a duração prevista para a atividade.*
DINÂMICA	*Informar detalhadamente o procedimento que a atividade deve seguir, de acordo com os itens sugeridos a seguir.* *1) Preparação dos(as) alunos(as)* *Os(as) alunos(as) deverão preparar-se para a atividade? Se sim, como? Haverá material de preparação, como artigos, vídeos, poemas, etc.? Os(as) alunos(as) terão acesso a algum material durante a própria aula? Se sim, qual?*

DINÂMICA	*2) Introdução da dinâmica e quebra-gelo* *Como será mostrada a atividade e direcionado o início dos trabalhos? Como será a apresentação dos participantes e do(a) educador(a)? Quais combinados devem ser feitos com os participantes para o desenvolvimento da dinâmica? Como será realizado um quebra-gelo para deixar todos e todas mais confortáveis para se engajar na dinâmica?* *3) Desenvolvimento da dinâmica* *Quais são as tarefas centrais dos(as) alunos(as) e do(a) educador(a) na atividade proposta e em qual sequência elas ocorrem?* *Descrever as diferentes etapas da dinâmica e explicar de que maneira cada uma delas contribui para a consecução dos objetivos da atividade. Detalhar como serão os momentos de transição entre as diferentes etapas.* *4) Fechamento da dinâmica* *O que os(as) alunos(as) devem reter a partir das dinâmicas? Tendo em mente essa questão, descrever como o professor deverá conduzir o encerramento da atividade.* *5) Cuidados com a aula* *Refletir sobre possíveis dificuldades na aplicação da dinâmica e apresentar as soluções que o grupo considera pertinentes.*
FEEDBACK	*Refletir sobre os seguintes pontos:* *1) Como o(a) educador(a) poderá avaliar se os objetivos da atividade foram cumpridos? Quais serão os critérios de avaliação?* *2) Como será realizado o feedback sobre o desempenho dos(as) alunos(as)?* *3) De que forma os(as) alunos(as) poderão dar um feedback para o(a) educador(a) sobre a atividade para que ele(ela) possa aprimorá-la?*
MATERIAL NECESSÁRIO	*De que maneira o(a) educador(a) deve preparar-se para a aplicação da dinâmica? Qual é o material necessário?*
OBSERVAÇÕES	*Inserir ao lado outros apontamentos que o grupo considere relevantes para a realização da atividade em sala de aula.*

5. COMO FAZEMOS UM PLANEJAMENTO DE CURSO COM ENSINO PARTICIPATIVO?

Antes da primeira aula ser iniciada, é interessante que o curso todo já esteja planejado, como a história de uma novela a partir dos quais serão escritos os roteiros de cada episódio. Assim como o roteirista acompanha as filmagens das cenas da novela tendo em mente um final para sua história, podendo adaptá-lo de acordo com a aceitação do público, o professor deve começar seu curso sabendo aonde deseja que seus alunos cheguem, ainda que possa adaptar esse roteiro de acordo com a evolução da turma. Em consequência, as notas das aulas podem ser preenchidas em um primeiro momento e detalhadas em ocasião mais próxima aos encontros. A montagem das notas de ensino que comporão o curso é um trabalho artesanal que demandará um tempo daqueles que planejam cursos participativos. Contudo, ressaltamos que, com os registros e a composição do acervo de notas de ensino, o processo de elaboração dos cursos fica mais fácil e rápido.

Também aconselhamos a revisão das notas após a aplicação da dinâmica, de modo a aprimorá-las a partir da percepção prática do que funcionou ou não em sala de aula. Esse encontro de *feedback* pode ser realizado com a mesma equipe que auxiliou no planejamento ou com alguns dos estudantes escolhidos em momentos adequados posteriormente.

No momento do estabelecimento das notas, dois pontos a serem enfrentados pelo docente se destacam: a criação das dinâmicas e a elaboração de um processo de avaliação que leve em conta todas as competências, habilidades e atitudes trabalhadas. A seguir, serão dados alguns encaminhamentos para auxiliar os docentes na construção dessa parte do processo.

5.2. Criação de boas dinâmicas participativas

Depois que esboçamos um percurso para o programa, dedicamo-nos a detalhar aula a aula como será o curso. A concepção das dinâmicas geralmente é coletiva, envolvendo todas as pessoas da equipe responsável. As reuniões podem demorar de 2 a 3 horas e, dependendo da complexidade da proposta e do número de aulas, levar uma semana inteira. Ainda assim, percebemos que o trabalho coletivo tem a vantagem de gerar atividades mais ricas, elaboradas a partir de sugestões em cima de sugestões.

O processo é facilitado por já contarmos com um conjunto de dinâmicas aplicadas e registradas. Por vezes, também recorremos a atividades do Banco de Materiais de Ensino Jurídico Participativo e de *kits* de ferramentas de outras instituições de ensino, como o *toolbox* da Hyper Island.[18] Esse material prévio foi construído ao longo de vários cursos e, embora tenha demandado tempo no passado, torna a criação de um curso muito mais rápida no presente.

Seguimos algumas diretrizes para elaborar as notas de ensino de cada aula. A principal delas pode ser sintetizada na ideia de que devemos imaginar o que os estudantes vão fazer, tirando o foco do que os professores falarão. Isso não significa que não haja papel para o professor, mas que a mentalidade na elaboração das aulas está voltada sempre a estimular os alunos a terem uma experiência que gerará aprendizagem para eles. De maneira mais concreta, geralmente passamos pelo seguinte processo:

- Tentamos sempre começar por uma atividade quebra-gelo que consiga, ao mesmo tempo, fazer os estudantes interagirem entre si (preferencialmente olhando uns para os outros), levá-los a se mexer e a circular pelo ambiente, e direcionar o olhar deles para o tema que será discutido. Essa atividade pode ser desde uma nuvem de palavras formada por respostas de palavra única que eles dão a uma pergunta até dinâmicas mais elaboradas, como as narradas no Capítulo 6.
- Consideramos se alguma atividade que já aplicamos anteriormente pode servir para atingir os objetivos indicados para a aula. Caso alguma seja pertinente, revisamos a proposta para aprimorá-la e eventualmente adaptá-la ao público e ao contexto. O exercício de relembrar o que já foi feito é importante mesmo que não haja nenhuma proposta, uma vez que serve de inspiração para a criação de novas dinâmicas.

---

[18] Para visitar o Banco de Materiais de Ensino Jurídico Participativo da FGV DIREITO SP, cf. https://ejurparticipativo.direitosp.fgv.br/material-de-ensino (Coleções EJUR e Prêmio Esdras). O *toolbox* da Hyper Island pode ser consultado no *site*: http://toolbox.hyperisland. com/.

5. COMO FAZEMOS UM PLANEJAMENTO DE CURSO COM ENSINO PARTICIPATIVO?

- Quando não consideramos interessante aproveitar uma atividade, damos início a um processo de *brainstorming* para conceber outra. Nessa hipótese, procuramos identificar se haveria algum método mais adequado para atingir os objetivos ou tentamos combinar elementos de vários métodos a fim de criar algo que fuja da descrição ideal. Geralmente, buscamos inspirações em materiais externos, como filmes, séries e jogos.
- Para cada atividade procuramos destinar um tempo de reflexão, normalmente na forma de debates, com perguntas norteadoras que explorem a) o que aconteceu, b) como os participantes se sentiram e c) como conectam a atividade com o conhecimento teórico. Formulamos, então, as questões mínimas, sem as quais não gostaríamos de encerrar a discussão;
- Em seguida, atribuímos tempo para cada etapa, desde a divisão de grupos até o fechamento do debate. É muito comum que nesse momento percebamos se a aula está muito intensa e complexa ou pouco dinâmica e superficial. Buscamos alterar os tempos e até mesmo pensar em novas dinâmicas e perguntas norteadoras. Quanto mais detalhada for a descrição dos períodos que os estudantes terão para realizar cada tarefa, maior o controle que o professor terá sobre o andamento da aula, percebendo atrasos ou momentos que podem ser mais explorados;
- Depois de definir os objetivos da aula, o que queremos que os alunos façam ou vivenciem, e os tempos para cada uma das tarefas, fazemos um levantamento dos materiais necessários, e só então pensamos em textos ou outros modos de preparação, tendo em vista o que enfatizamos naquela aula.

Essas diretrizes não são uma receita de bolo sobre como conceber atividades participativas, mas um relato de como produzimos nossas atividades. O mais importante não é segui-las como se fossem um passo a passo, mas entender seus fundamentos e por que as utilizamos. Exploramos esses fundamentos ao tratar de nossas inspirações.

Finalizado o mapa do curso, voltamos nossas energias para a avaliação.

5.3. Avaliação dos alunos pelo processo e pelo produto

No processo de aprendizagem, avaliar é considerar que o percurso é tão importante para o aprendizado quanto o resultado final. Por isso, é imprescindível enxergar a avaliação como processo e como produto. Desse ponto de vista, o ato de avaliar torna-se muito mais do que apenas cumprir critérios formais, muitas vezes regulatórios e mercadológicos, contribuindo para a responsabilização de todos os envolvidos perante a sociedade em que vivemos – o aluno, responsável ativo por seu aprendizado; o docente, facilitador do desenvolvimento; e a instituição, que considera a avaliação como parte do aprendizado do aluno, do docente e da própria instituição, para além de aspectos regulatórios.

Quando nos focamos somente em um produto final, como um trabalho escrito ou um projeto desenvolvido pelos alunos, ainda que haja requisitos claros e ele seja bem analisado, deixamos de lado os questionamentos sobre como os estudantes chegaram a tal resultado, sobre se desenvolveram de fato competências, habilidades e atitudes que os tornam melhores profissionais e cidadãos e sobre se aprenderam a trabalhar bem em equipe e a colaborar. Não apenas os alunos ficam sem esse retorno de desempenho, mas também instituição e docentes ficam sem a oportunidade de refletir sobre essas dimensões de aprendizagem e de cumprimento dos objetivos do plano pedagógico institucional, não tendo clareza a respeito dos fatores que influenciaram os estudantes ao longo do curso.

O planejamento da avaliação deve contemplar diferentes dimensões. Em primeiro lugar, é importante que ela constate o aprendizado do aluno. Não existe ensino sem aprendizagem: se os estudantes não aprenderam, o processo de ensino não se efetivou, ainda que o professor tenha se dedicado a ministrar aulas e a preparar as dinâmicas (PIMENTA e ANASTASIOU, 2005, pp. 204-205). Ganha importância o alinhamento entre objetivos e avaliação. A redação de objetivos claros e precisos permite que se observe o atingimento ou não dos objetivos pela turma. Assim, se o curso tem por objetivo conduzir os participantes a "avaliar se é melhor judicializar ou não um caso à luz de critérios econômicos" e, ao final desse curso, os alunos conseguem justificar para o professor, em um caso hipotético, a opção por entrar com ação ou buscar uma conciliação levando em consideração os custos que cada caminho terá para seus clientes, então o objetivo foi alcançado.

5. COMO FAZEMOS UM PLANEJAMENTO DE CURSO COM ENSINO PARTICIPATIVO?

Em segundo lugar, acreditamos que a avaliação pode ser uma oportunidade relevante para levar os estudantes a refletir sobre seu próprio processo de aprendizagem (autoavaliação). No início do curso, gostamos de pedir que cada aluno também fixe seus próprios objetivos pessoais na disciplina – de acordo com o que mais gostariam de desenvolver ou aprender. Assim, reforçamos a concepção do curso como uma oportunidade de crescimento e desenvolvimento, além de dar a oportunidade para os estudantes chegarem ao final dele examinando seu desempenho para saber se atingiram ou não essas metas individuais. Cabe ao docente, nesse caso, criar as condições para que eles sejam capazes de identificar sucessos e falhas e seus respectivos motivos para que possam melhorar em momento posterior.

Em terceiro lugar, a avaliação também pode ser uma oportunidade para que os alunos reflitam sobre seus colegas e o desempenho da turma como um todo. No ensino participativo, eles são considerados parte de um grupo, também responsáveis pela qualidade do aprendizado dos colegas. Ao contrário do ensino tradicional, no qual é possível concluir a disciplina com louvor sem interagir com os colegas, no ensino participativo – e no experiencial, em particular –, a troca entre as pessoas é fundamental para o ambiente e a qualidade do curso.

Vale ressaltar que nenhuma das três dimensões precisa necessariamente ser traduzida em nota. Salientamos, aqui, a distinção entre atribuição de nota e retorno de desempenho (ou *feedback*). A nota é um tipo de retorno dado para o aluno, mas não precisa ser o único, nem é o mais importante – embora a dinâmica do ensino jurídico faça parecer o contrário. Os estudantes podem avaliar seus colegas sem lhes atribuir notas, assim como podem apreciar seu próprio desempenho sem convertê-lo em um número na escala de 0 a 10. Mesmo a escala de atribuição de nota não precisa ser numérica, podendo ser traduzida em conceitos como "excelente", "satisfatório" ou "insatisfatório". A observação é crucial: um docente deve estar avaliando constantemente seus alunos e, de preferência, criando mecanismos de *feedback* frequente, imediato, diferenciador e empático (*FIDeLity*, no acrônimo sugerido por Fink, 2003), ainda que não atribua nota a todo momento.

Finalmente, é importante que a avaliação também informe algo *para o docente* e *para a instituição*. Isso fará que o curso possa ser aprimorado após o *feedback* dos alunos e possibilitará ao professor melhorar sua

ENSINO JURÍDICO E INOVAÇÃO

própria prática docente, passível de ser discutida no planejamento avaliativo institucional. Para além da comunicação a respeito da avaliação aos docentes, é necessário um processo dialógico, no qual o docente seja ator de seu próprio desenvolvimento profissional. Nesse sentido, a avaliação deixa de ser tomada como instrumento de controle e passa a ser integrante do processo de avaliação institucional, considerando todas suas dimensões e todos os diferentes papéis do professor no ensino.[19]

Essa dinâmica comunicacional altera o status da avaliação de controle para, de fato, uma avaliação formativa, compartilhada, integradora, multidimensional e voltada para o desenvolvimento dos atores envolvidos. Dessa maneira, o modo como a experiência avaliativa é apresentada pela IES e vivenciada por docentes e por alunos parte de um entendimento a respeito do processo e de um objetivo claro e distinto: desenvolvimento e aperfeiçoamento constantes. Desde que a instituição dialogue de fato, acolhendo as manifestações de alunos e de professores, oferecendo suporte real para a implementação de melhorias e evolução pessoal do corpo docente, a avaliação pode ser ressignificada e se tornar realmente um instrumento de aprendizagem pessoal e institucional.

***

Esta breve apresentação sobre reflexões que desenvolvemos nos últimos anos trabalhando com ensino jurídico participativo pode parecer muito vaga para quem tem pouco ou nenhum contato com o tema. Com isso em mente, dedicamos todo o capítulo seguinte a descrever com detalhes disciplinas que demos incentivados por essas crenças.

---

[19] Nas palavras de Lauriti (2002, p. 119): "é necessário desenvolver um olhar avaliador ampliado, integrador e multidimensional que localize o professor nos seus diferentes papéis no ensino, na pesquisa, na extensão e, sobretudo, no seu papel também de avaliador; que esteja voltado para um movimento de contínuo aperfeiçoamento, sem preocupação com categorizações, comparações e classificações que, na maioria das vezes, impedem o desenvolvimento dos processos avaliativos nos espaços institucionais, além de distorcerem conceitos e juízos. É uma práxis liberta dos mitos e dos estereótipos que gravitam em torno da avaliação que o professor precisaria vivenciar para conseguir a autonomia necessária para que ele próprio conduza seu processo avaliativo de maneira eficaz e sistemática".

6. A experiência na FGV DIREITO SP: disciplinas de imersão

Como dito, a inovação deve ser constante e um imperativo nas escolas de Direito. A metodologia participativa, que coloca o aluno como protagonista de seu próprio aprendizado, também deve ser continuamente revista pelas razões já expostas – avanços tecnológicos a uma velocidade nunca antes vista, mudança da sociedade e de suas demandas, reorganização social e profissional, entre outras.

Entretanto, a inovação no ensino jurídico brasileiro ocorreu em maior parte por iniciativas pontuais, isoladas e, muitas vezes, sem suporte institucional. Essa realidade está sendo gradualmente alterada por meio de um intercâmbio maior de experiências, da criação de espaços de reflexão sobre o ensino do Direito e da orientação das instituições para o ensino participativo. A realização de eventos locais, regionais e nacionais para troca entre professores, a maior disseminação de relatos de experiência e a expansão de cursos e oficinas de capacitação docente nas faculdades exemplificam esse movimento.

Nosso livro não estaria completo se não trouxesse um relato sobre como aplicamos na prática o que dissemos anteriormente com o objetivo de fortalecer esse intercâmbio entre professores. Vamos descrever duas disciplinas de imersão que realizamos em 2018: a disciplina Agenda 2030 e a disciplina Desafio Finch.

As disciplinas de imersão são disciplinas optativas ofertadas pela FGV para o desenvolvimento de habilidades e para o conhecimento aprofundado de ambientes externos à faculdade, tirando o(a) aluno(a) do ambiente convencional de sala de aula. Elas ocorrem uma vez a cada semestre, duram uma semana e reúnem estudantes de diferentes anos e escolas da FGV (Direito, Administração Pública e Administração de Empresas). As edições são temáticas, variando a abordagem a cada semestre, de acordo com a escolha dos professores.

As duas disciplinas relatadas nesse livro procuraram desafiar os alunos a desenvolver habilidades necessárias ao profissional jurídico do futuro. A tentativa de oferecer uma experiência interdisciplinar se alinhou ao objetivo de formação dos alunos para resolução de problemas complexos e espírito criativo, não trabalhados normalmente em uma formação tradicional, calcado em disciplinas voltadas para a apreensão de conteúdo. As experiências de ensino foram desenvolvidas paralelamente a uma pesquisa desenvolvida no CEPI sobre futuro das profissões jurídicas e os desafios da tecnologia, e puderam aproveitar seus resultados.

Na primeira imersão, a Agenda 2030, o objetivo foi refletir sobre como as novas tecnologias proporcionam questões inéditas que necessitam de soluções jurídicas inovadoras por parte dos profissionais do Direito. Na segunda edição, foi explorada a mudança no escritório de advocacia e na função do profissional causada, diretamente, pela inserção da tecnologia em seus ambientes de trabalho. Em ambas, os alunos tiveram a possibilidade de ter contato com diversas empresas e escritórios, além de realizar visitas externas ao ambiente das empresas – na segunda edição, por exemplo, foi realizada uma viagem patrocinada pela empresa Finch para sua sede em Bauru/SP. Eles também tiveram a oportunidade de elaborar e apresentar propostas de inovação a especialistas de diversas áreas ligadas ao Direito e à tecnologia. A indicação das soluções aos diversos desafios sugeridos propiciou aos estudantes treinar sua capacidade de compreensão do problema, de elaboração coletiva de respostas e de comunicação em público.

Não pretendemos nos limitar a contar uma experiência de ensino, no entanto. A seguir, mostraremos não apenas como operacionalizamos as ideias do ensino experiencial, do DT e do *project-based learning* em uma disciplina jurídica, mas também indicaremos reflexões importantes sobre cada uma das etapas de elaboração de cursos nesse formato. Nossa ideia é apontar possíveis problemas, apresentar soluções que construímos para contorná-los e comentar o que foi feito para que, ao final, você possa se empoderar com o processo e ser capaz de efetivá-lo em sua própria instituição.

6. A EXPERIÊNCIA NA FGV DIREITO SP: DISCIPLINAS DE IMERSÃO

Antes, achamos pertinente esclarecer aspectos do contexto da FGV DIREITO SP comuns às aplicações. Elas são mais uma forma de implementar o ideal de ensino participativo que norteia a graduação. A escola se preocupa com o emprego de métodos de aprendizagem ativa desde suas origens (ANGARITA, AMBROSINI e SALINAS, 2010, pp. 69-70). A grade curricular foi estruturada de maneira a favorecer a transversalidade de temas, a conjugação de teoria e prática e o contato dos alunos com a realidade (*ibidem*, pp. 65-68). Esse cenário oferece, ao mesmo tempo, benefícios e desafios para a inovação. Como vantagens, enxergamos o ambiente institucional favorável a novas experiências de ensino, inclusive com suporte material, e uma cultura à qual os alunos aderiram ao entrarem na instituição. Todavia, isso vem acompanhado por desafios, como conseguir inovar em relação ao que já é feito nas demais disciplinas e o risco de lidar com alunos "acostumados" com métodos participativos.[20]

Outra peculiaridade da proposta da FGV DIREITO SP é o fato de parte do curso ser integral. De acordo com o Projeto Pedagógico do Curso de Graduação, os dois primeiros ciclos do curso, correspondentes aos três primeiros anos, são integrais para estimular o estudo intensivo e a dedicação exclusiva dos alunos (FGV DIREITO SP, 2016, pp. 36-37).

Outras restrições decorrem do Regulamento do Curso de Graduação, como a necessidade de avaliação por três notas parciais, sendo ao menos uma delas avaliação continuada e outra avaliação escrita individual, e a proibição de que alguma das notas tenha peso superior a 40% (art. 20, § 1º, do Regulamento). A aprovação na disciplina depende de frequência mínima igual ou superior a 75% e nota semestral igual ou superior a 6,0. Finalmente, a seleção dos(as) alunos(as) ocorre por meio

---

[20] Essa acomodação dos alunos com métodos participativos pode ser desafiadora por alguns motivos. O principal deles talvez seja aquilo que, conjugando os tipos de aprendizagem mencionados por Säljö (1979) e Prosser e Trigwell (1999), podemos chamar de aprendizagem superficial e estratégica: os alunos reagem aos estímulos do curso apenas na exata medida necessária para obter sua nota, afastando-se de uma aprendizagem profunda. Na FGV DIREITO SP, um exemplo disso é "o(a) aluno(a) tarefeiro(a)", expressão utilizada internamente para designar os estudantes que, diante do excesso de atribuições decorrentes de várias disciplinas participativas, fazem apenas os trabalhos e os exercícios necessários para a avaliação delas. Outro exemplo são os alunos que aprendem como falar em aula sem preparação para obter nota de participação.

do sistema de matrícula da instituição, que privilegia aqueles(as) com maior média de curso.

Um último ponto relevante diz respeito ao perfil do corpo discente da FGV DIREITO SP e à trajetória desses alunos. O público-alvo da escola é majoritariamente de classe alta.[21] Existe uma política de acesso e de permanência baseada em bolsas de estudos reembolsáveis e não reembolsáveis que procura aumentar a diversidade na graduação por meio da inclusão de pessoas de outras classes sociais.

Essa posição no mercado leva a um corpo discente com uma formação educacional complementar mais abrangente, como conhecimento de outros países, proficiência em outras línguas, desenvolvimento de outras habilidades em razão de atividades extracurriculares (esportes, dança, música, etc.). Os estudantes não precisam trabalhar e, em sua maioria, conseguem ler textos em inglês com facilidade.

Sobre a trajetória dos alunos no curso, vale ressaltar que, em 2017, a FGV DIREITO SP implementou uma nova grade curricular, que cortou a média de disciplinas por semestre, nos três primeiros anos, de nove para cinco. A nova grade buscou aumentar o tempo destinado a atividades extraclasse, aumentando a carga horária das disciplinas remanescentes. A mudança gerou dois grupos de alunos cursando a graduação. Primeiro, as turmas que estão sob a grade antiga. Elas tiveram uma grande quantidade de disciplinas por semestre, todas com alto grau de exigência e preparação, e maior presença em sala de aula. A constatação de que essa realidade estava gerando problemas como ansiedade, depressão e comportamentos estratégicos ("alunos tarefeiros") levou à mudança da estrutura curricular. O segundo grupo é composto pelas turmas que estão sob a nova grade. Por ser recente, ainda não sabemos os efeitos dela sobre os alunos. Contudo, a reforma foi pensada para estimular sua autonomia e aumentar a disponibilidade de tempo para estudos, de modo que se espera das turmas que nela estão maior desenvolvimento da dimensão do "aprender a aprender" e menor nível de estresse.

---

[21] Classificação da Secretaria de Assuntos Estratégicos do Governo Federal. Disponível em: http://g1.globo.com/economia/seu-dinheiro/noticia/2013/08/veja-diferencas-entre-conceitos-que-definem-classes-sociais-no-brasil.html. Acesso em: 3 set. 2019.

6. A EXPERIÊNCIA NA FGV DIREITO SP: DISCIPLINAS DE IMERSÃO

Todos esses elementos formam o cenário no qual as disciplinas descritas a seguir foram oferecidas. Frisamos, portanto, que a leitura deve ser feita sempre com o espírito crítico para que não haja apropriações descontextualizadas das dinâmicas e do projeto. Por outro lado, estimulamos quem está lendo este livro a se inspirar em nossos relatos para criar suas próprias atividades, levando em consideração sua realidade. Finalmente, ficaremos muito gratos se pudermos contar com seu comentário sobre nossa experiência – acesse o *link* https://goo.gl/forms/3OkS7pHxKzXU2QR63 (ou utilize o QR Code a seguir) e faça suas observações sobre nosso relato. Isso nos ajudará a incrementar nosso trabalho com outros contextos e questionamentos.

No caso das disciplinas de imersão, o contexto da FGV DIREITO SP levou a algumas peculiaridades. Primeiro, por serem abertas a estudantes de todos os anos, tivemos que lidar tanto com alunos que estagiavam, estavam fazendo trabalho de conclusão de curso e prestando OAB (4º e 5º anos), como com aqueles que pararam todas suas atividades educacionais regulares naquela semana (1º a 3º anos) – sem contar os alunos dos cursos de Administração de Empresas e Administração Pública. Essa diversidade, embora benéfica, também pode ser desafiadora – por exemplo, para manter o engajamento de todos da mesma forma. Segundo, havia uma restrição de datas (no nosso caso, de 19 a 23 de março de 2018), embora houvesse flexibilidade para determinar quando, com que frequência e onde seriam os encontros. Terceiro, tivemos a possibilidade de contatar parceiros para virem até a instituição e recebemos o apoio necessário a fim de realizar as visitas externas programadas, inclusive a viagem a Bauru.

> O contexto apresentado influenciou a estruturação das disciplinas de algumas formas:
> - Por ser uma disciplina optativa e aberta para alunos de todos os anos dos cursos envolvidos (Direito, Administração de Empresas e Administração Pública), esperávamos maior motivação e mais engajamento dos participantes.
> - Por envolver alunos de um curso integral e com maior disponibilidade de tempo, pudemos pensar atividades para diferentes períodos do dia.
> - Por envolver alunos com conhecimento de língua inglesa, pudemos indicar como preparação alguns textos estrangeiros.
> - Por ser ofertada em uma instituição que apoia o ensino participativo, pudemos contar com salas de aula adequadas, disponibilidade de material (canetinhas, folhas de *flip-chart*, etc.) e até mesmo apoio logístico e de pessoal para o desenvolvimento das atividades.
> - Ainda em razão da cultura do ensino participativo, foi possível arriscar uma forma de ensinar mais lúdica e menos voltada para informações, tendo em vista o apoio institucional e do próprio corpo discente a esse tipo de ensino.

6.1. A disciplina Agenda 2030

No primeiro semestre de 2018, a FGV DIREITO SP aderiu pela primeira vez à prática da semana de imersão, consolidada na FGV EAESP. As duas escolas selecionaram uma semana no semestre (19 a 23 de março) para substituir as aulas regulares por disciplinas optativas oferecidas integralmente naqueles dias. Contando as atividades da EAESP, estudantes dos cursos de Direito, Administração de Empresas e Administração Pública tiveram oito opções, sendo três na Escola de Direito: 1) *Indivíduo acima do Estado? Estratégias não jurídicas para garantia de direitos* (60 horas e 15 vagas); 2) *Mudança do clima e responsabilidade das instituições financeiras: estabelecendo parâmetros para o BNDES* (20 horas); e 3) *Agenda 2030: admirável mundo novo?* (45 horas e 25 vagas).[22] A experiência que relatamos ocorreu na última das disciplinas, que contava com 10 encon-

---

[22] Demais: 4) Educação política: teoria e prática; 5) Gestão pública e segurança pública na prática: a gestão cotidiana da polícia militar; 6) Gestão noturna de cidades; 7) Sustentabilidade em campo: expedição Vale do Ribeira; 8) Teatro: formando o administrador contemporâneo.

6. A EXPERIÊNCIA NA FGV DIREITO SP: DISCIPLINAS DE IMERSÃO

tros presenciais de 3 horas, nos períodos da manhã (9h-12h) e da tarde (13h-16h), em todos os dias da semana, com um momento de visita a uma empresa parceira.

a. A concepção da disciplina: definição do problema, elaboração do programa e contato com especialistas

A Agenda 2030 começou a ser pensada no 2º semestre de 2017. A equipe montada para pensar a disciplina foi composta pela professora Marina Feferbaum (responsável) e pelos pesquisadores Clio Radomysler e Guilherme Klafke. A concepção da disciplina passou pela definição de um problema para a imersão e pela elaboração do programa.

A primeira necessidade da equipe foi estabelecer um mote ao curso, já que ter um problema transversal à disciplina é fundamental para o ensino experiencial. Ao contrário de pensar um programa a partir dos tópicos de conteúdo a serem trabalhados, consideramos primordial lançar um desafio que pudesse envolver diversos conteúdos simultaneamente, exigindo dos alunos que manejassem conhecimentos de diferentes áreas. A partir da questão, então, o curso poderia ser estruturado em torno de problemas emblemáticos para o tema e de contato com especialistas no assunto.

A vinculação da equipe ao CEPI, da FGV DIREITO SP, facilitou a identificação de uma matéria atraente e atual – a relação entre direito e tecnologia. Mais do que discutir conteúdos de direito digital, desejamos sensibilizar os alunos para os dilemas jurídicos, morais e sociais que os avanços da tecnologia trazem ao mundo jurídico. Também consideramos o tema propício para questionar a própria perspectiva de mudanças nas profissões no Direito, especialmente aquelas decorrentes da automação de processos e fluxos de trabalho e da adoção da inteligência artificial nos serviços jurídicos. Ao final, o questionamento sobre a sociedade que a tecnologia criará em 15 anos se tornou o mote para a disciplina – daí a relação com o livro *Admirável mundo novo*, de Aldous Huxley.

Como a disciplina teria como norte a aprendizagem baseada em projetos, precisávamos definir o produto final para, a partir dele, estruturar o caminho que os alunos deveriam percorrer a fim de concretizá-lo. Inicialmente, pensamos em trabalhar a interface entre inovação e Direito, enfocando o fenômeno das *lawtechs* e de *startups* de tecnologia. Os participantes teriam que construir uma proposta de *startup* que trouxesse alguma solução para um problema juridicamente relevante em 2030. Para isso, o curso teria que lhes fornecer oportunidade de conhecer ambientes de inovação, modelos de negócio, formas de elaboração de projetos, além de colocá-los em contato com questões jurídicas trazidas pela tecnologia. A possibilidade de contarmos com alunos de Administração a trabalhar com os alunos de Direito para elaborar esses negócios era uma vantagem para o projeto.

Com base nessa primeira ideia, procuramos parceiros que pudessem trazer expertise no tema para nossos alunos. Conversamos, então, com representantes do departamento jurídico da Stone Pagamentos e da *startup* Looplex, de tecnologia aplicada ao Direito. As trocas mostraram que a proposta de curso tinha méritos, mas problemas importantes, especialmente uma divergência entre o que se desejava desenvolver nos alunos (raciocínio crítico sobre problemas jurídicos complexos e capacidade de criar projetos para solucioná-los) e o produto final (proposta de *startup*). Por conta disso, resolvemos alterar o escopo do projeto final – que se tornou apenas a apresentação de uma solução para um problema jurídico relevante – e, consequentemente, a orientação do curso, que passou a se voltar ao pensamento de inovações, mais do que à criação de modelo de negócios e empresas.

O programa da Agenda 2030 foi concebido a partir das habilidades que os alunos teriam que desenvolver para realizar seu projeto. Dividimos a disciplina em duas partes. Na primeira, eles teriam contato com questões impactantes trazidas pelos avanços tecnológicos, ouviriam atores que lidam diariamente com a relação entre tecnologia e Direito e desenvolveriam as habilidades necessárias para trabalhar em grupo e pensar problemas sob múltiplos aspectos e interesses. Na segunda, eles passariam mais detidamente pelas primeiras etapas do processo de DT – descoberta do problema, ideação de soluções e proposta de concretização dessas soluções. Optamos por excluir do programa as etapas de prototipação e implementação, visto que não haveria tempo hábil para que fossem realizadas.

Em relação à primeira parte, concebemos as aulas de modo a mesclar experiências de aprendizagem e contato com convidados que pudessem falar de sua vivência e de quais problemas enfrentam em sua área em razão da tecnologia.

6. A EXPERIÊNCIA NA FGV DIREITO SP: DISCIPLINAS DE IMERSÃO

O primeiro dia (aulas 1 e 2) teve como objetivo levar os alunos a: (a) relacionar a discussão a sua realidade e a seu entorno, construindo cenários plausíveis de futuro; (b) conhecer inovações tecnológicas, analisar suas consequências e identificar problemas éticos, jurídicos e sociais que fossem importantes para eles; e (c) conhecer uns aos outros. Sabendo que os alunos já imaginam algumas coisas para o futuro, quisemos fazê-los confrontar essa visão com o que já existe e pode vir a existir, segundo especialistas. A *sensibilização* dos alunos para a temática do curso seria obtida se eles saíssem das atividades identificando dilemas éticos, sociais e jurídicos nos exemplos trazidos e atribuindo alguma importância para esses dilemas em sua própria vida ou na vida de outras pessoas. A *integração* entre os alunos seria obtida se, ao final do dia, eles soubessem identificar seus colegas de curso e não se limitassem a conversar apenas com quem eles conhecessem.

O segundo dia e o início do terceiro dia (aulas 3, 4 e 5) tiveram como objetivo levar os alunos a: (a) identificar e analisar mudanças comportamentais e sociais geradas pela tecnologia; (b) relacionar essas mudanças com possíveis cenários para o desenvolvimento das relações pessoais na sociedade, especialmente na própria vida dos alunos; (c) compreender como o avanço tecnológico e as mudanças comportamentais estão alterando ambientes de trabalho e as profissões jurídicas; (d) conhecer as principais tendências tecnológicas previstas para 2030; e (e) identificar possíveis consequências dessas tendências e as questões éticas, jurídicas e sociais decorrentes. A *reflexão* sobre as relações sociais em 2030 seria constatada se os estudantes saíssem das atividades estabelecendo uma relação entre as características da ferramenta tecnológica escolhida (redes sociais) e os comportamentos esperados para as pessoas no futuro. A visita externa prevista para esse dia seria responsável por estimular os alunos a *relacionarem* as mudanças tecnológicas e sociais com transformações nas profissões jurídicas em ambientes de inovação.

Ainda nessa primeira parte da disciplina, os estudantes teriam contato com uma série de especialistas. Na manhã do primeiro dia, conversariam com um professor e uma pós-graduanda da EAESP sobre cidades inteligentes, termo que evoca alguma ideia de futuro.[23] Na tarde do

---

[23] Foram convidados o professor Ciro Biderman e a pós-graduanda Claudia Acosta.

ENSINO JURÍDICO E INOVAÇÃO

mesmo dia, conversariam com um representante da IBM sobre a política de proteção de dados da empresa, com o objetivo de compreender a relação entre avanços da tecnologia e uma questão jurídica específica (direito à privacidade).[24] No segundo dia, visitariam a Stone Pagamentos, conhecendo o departamento jurídico e conversando com pessoas da área de inovação.[25] O ambiente de inovação da empresa e o dia a dia de seus profissionais seriam exemplos concretos de possíveis tendências para o futuro. Finalmente, no terceiro dia, os alunos conversariam com o CEO de uma *legaltech* para entender e refletir criticamente sobre os principais avanços tecnológicos na área jurídica.[26]

Em relação à segunda parte, concebemos as aulas de modo a disponibilizar à turma uma oportunidade orientada de gerenciamento de um projeto.

O segundo período do terceiro dia e o quarto dia (aulas 6, 7 e 8) tiveram como objetivo levar os alunos a: (a) iniciar um projeto com problema, propósito, escopo e processo definidos; (b) gerenciar processos criativos, definindo tarefas, metas e produtos a serem elaborados; e (c) executar um processo de construção de solução para um problema a partir de DT. Os alunos começariam a elaboração do projeto propriamente dito, selecionando um problema específico para atacar entre os vários suscitados ao longo das aulas. O sucesso na *concepção* do projeto seria atingido se o grupo conseguisse descobrir um problema possivelmente relevante em 2030, situá-lo em relação a outros problemas e indicar questões jurídicas e éticas envolvidas nele. Em seguida, conduziriam um processo de DT orientado, no qual levantariam percepções, impressões, opiniões e reações de pessoas envolvidas, identificariam experiências bem-sucedidas relacionadas ao problema e construiriam uma solução, com especial atenção para a contribuição do Direito.

O quinto e último dia (aulas 9 e 10) foram destinados à avaliação de desempenho e às apresentações. Os alunos iriam aprender a: (a) elaborar e executar uma apresentação concisa, objetiva, poderosa e informativa;

---

[24] Foi convidado Andriei Guerrero Gutierrez, gerente de relações governamentais e assuntos regulatórios da IBM.
[25] A conversa foi definida com Gabriella Read e Daniela Zarzur, advogadas da Stone Pagamentos.
[26] Foi convidado Ângelo Caldeira Ribeiro, da Looplex.

6. A EXPERIÊNCIA NA FGV DIREITO SP: DISCIPLINAS DE IMERSÃO

e (b) formular retornos de desempenho (*feedback*) a partir de princípios de comunicação não violenta. O sucesso do curso seria atestado se os alunos fossem capazes não apenas de apresentar sua ideia para os especialistas convidados, mas também, e principalmente, de expressar e receber *feedbacks* de maneira aberta e não defensiva.

A concepção da disciplina exemplifica mudanças na forma de ensinar. Destacamos as seguintes:

- Por se basear na elaboração de um projeto, o primeiro passo é a definição de que tipo de projeto os alunos deverão fazer para atingir os objetivos de aprendizagem escolhidos. Na Agenda 2030, em razão do tempo da disciplina, optamos por pedir aos alunos apenas a indicação de uma possível solução, sem necessidade de prototipação e implementação. Essa forma de conceber a disciplina se diferencia da maneira tradicional, baseada na definição de assuntos a serem abordados ou textos a serem lidos.

- Definido o projeto, identificamos o que seria necessário que os alunos desenvolvessem para concretizá-lo. Consideramos que alguns objetivos são fundamentais em qualquer curso desse tipo, como a capacidade de contribuir para a construção de um grupo (integração com os colegas) e as competências de gerenciar projeto e de dar e receber *feedbacks* de maneira não violenta.

- A conversa com especialistas e as visitas externas não só aumentam a chance de os alunos enxergarem a importância prática dos assuntos da disciplina, como também contribuem para inspirá-los a identificarem problemas para o projeto. A seleção das pessoas esteve orientada por um conjunto de critérios, como visibilidade da experiência, proximidade com a instituição e possibilidade de contribuição para os objetivos do curso.

- A preparação, embora seja importante para qualificar as discussões, não foi enfatizada no curso. Os alunos teriam um tempo reduzido para fazer as leituras. Além disso, esperava-se trabalhar mais com as experiências dos alunos em sala de aula do que com conceitos e ideias de terceiros. De qualquer maneira, selecionamos um conjunto de materiais – não apenas textos – que os alunos poderiam acessar a fim de se preparar para os encontros.

Você pode conferir o programa da disciplina no Anexo 1.

b. A primeira parte da disciplina em detalhes: sensibilização para o problema, criação de grupo e contato com especialistas

A preparação é apenas a primeira parte da tarefa docente. Muita coisa pode não sair como planejado, e é por isso que se exige dos professores reflexão também durante a aplicação das atividades. A seguir, contamos o que aconteceu no curso. Você pode conferir com mais detalhes as notas de ensino das atividades no Anexo 2.

A primeira providência adotada para as aulas do curso foi a disposição da sala em círculo sem mesas, apenas com as cadeiras. Essa utilização diferenciada do espaço foi impactante para os alunos logo no momento inicial, como pudemos observar nos relatos de aprendizagem que entregaram ao final do curso: "Só de ver, no primeiro dia, a formação em roda e sem mesas já evitou que não nos escondêssemos atrás dos nossos respectivos computadores e ficássemos fechados à novas experiências" (Relato 1, Agenda 2030);[27] "A organização das cadeiras – em círculo – ajudou na criação de um ambiente mais confortável" (Relato 3, Agenda 2030); "Logo no primeiro dia percebi que não seria uma aula convencional (todos sentados em fileiras e discutindo as leituras prévias) a (*sic*) disposição da sala em círculo logo me fez sentir menos hostilizada em relação ao ambiente" (Relato 16, Agenda 2030).

No início de cada dia, começamos com um *check-in*, um momento da aula destinado a quebrar o gelo e a fazer todos os alunos dizerem alguma coisa para os demais. Essa estratégia é útil ao ensino participativo porque, uma vez tendo falado em sala de aula, os alunos superam uma resistência normal para o início do curso.

Na primeira aula, o *check-in* consistiu em um conjunto simples de perguntas: nome, expectativa sobre o curso e o lugar da cidade de que mais gosta. Geralmente, uma das perguntas tem relação com o que os alunos farão posteriormente – neste caso, uma reflexão sobre cidades inteligentes e como será a cidade de São Paulo no futuro. É importante notar também que dificilmente os participantes são capazes de guardar o nome dos colegas neste primeiro momento. Por isso, passamos um rolo de fita-crepe para que pudessem colocar os nomes em suas roupas.

---

[27] Para respeitar a confidencialidade garantida aos relatos dos estudantes no início do curso, indicaremos apenas o número do relato para diferenciá-los, sem mencionar o nome da pessoa.

6. A EXPERIÊNCIA NA FGV DIREITO SP: DISCIPLINAS DE IMERSÃO

Nosso primeiro objetivo era criar um ambiente seguro, confortável e descontraído a fim de que os alunos se sentissem à vontade para participar das discussões posteriores, sem medo de serem julgados pelos colegas. Para isso, os alunos teriam que desenvolver o sentimento de pertencimento. Sentir-se parte de um grupo envolve identificação de quem está nele. Para atingir esse estado, pensamos que os alunos deveriam compartilhar uma experiência pessoal com os demais e se interessar pelas experiências dos outros. Por isso, começamos o curso com uma dinâmica de "verdade ou mentira".

Nessa dinâmica, cada participante recebeu um cartão com a indicação "verdade" ou "mentira" (um mentiroso para cada oito participantes). A pessoa com o cartão com a indicação "verdade" deveria contar para a turma uma história verdadeira engraçada ou inusitada que aconteceu com ela mesma envolvendo tecnologia; a pessoa com a com o cartão com a indicação "mentira" deveria contar para a turma uma história do mesmo tipo, mas falsa. Em seguida, cada participante poderia fazer uma pergunta a alguém, pedindo-lhe que esclarecesse sua história para a turma. A missão explícita era que a turma descobrisse os três mentirosos a partir de 25 perguntas, mas os objetivos subjacentes eram que os alunos sentissem vontade de saber mais sobre seus colegas e se identificassem com os demais a partir das 22 histórias engraçadas da turma.

Essa dinâmica ilustra as oportunidades de aprendizagem oferecidas pela proposta de ensino defendida neste livro. Embora não tenhamos explorado mais o tema, foi interessante notar como grande parte das histórias girou em torno de situações que poderiam ser problematizadas, inclusive juridicamente, em um debate de reflexão sobre os relatos. Exemplo disso seria a possibilidade de discutir questões de segurança e de privacidade a partir das histórias de reconhecimento facial, de cadastramento digital, de perfil aberto, de computador destravado e de vírus.

A segunda atividade do dia, intitulada "Compondo o quadro de 2030", foi realizada em grupos de cinco alunos. O mesmo cartão que os alunos receberam na primeira atividade já indicava o grupo em que eles ficariam. A intenção, ao separá-los previamente, era impedir a formação de "panelinhas" e possibilitar que eles interagissem com pessoas que não conheciam. Para que isso acontecesse de maneira leve e horizontal, selecionamos uma tarefa que poderia ser realizada por todos, independentemente do ano de graduação e do conhecimento sobre o tema da

ENSINO JURÍDICO E INOVAÇÃO

disciplina. Cada grupo recebeu uma foto de um ambiente da cidade de São Paulo e tinha 20 minutos para editá-la, de modo a representar como seria realisticamente esse local em 2030.

As fotos foram disponibilizadas por meio do programa Google Slides. Podíamos acompanhar em tempo real, no computador da sala, o que cada grupo estava fazendo, intervindo pontualmente sempre que achasse que algum estava mais atrasado. Aproveitamos também que a maioria dos alunos tinha *notebook* para estimular que todos procurassem imagens na internet e construíssem conjuntamente seu cenário de futuro. Eles poderiam, inclusive, criar mais de um cenário (vide trabalho do grupo Periferia de São Paulo em 2030).

> Você pode encontrar as imagens no *link*: https://bit.ly/3cL5ngC
>
> Para os trabalhos dos grupos, confira:
> - Avenida Paulista em 2030: https://bit.ly/2WHkPET
> - Marginal Tietê em 2030: https://bit.ly/2z2iKuu
> - Periferia de São Paulo em 2030: https://bit.ly/3g3LSSI
> - Shopping center paulistano em 2030: https://bit.ly/2TkyeRj
> - Tribunal de Justiça de São Paulo em 2030: https://bit.ly/3e0XNP4

Cada grupo teve a oportunidade de apresentar sua visão de futuro para os demais. Preparamos um conjunto de perguntas para essa parte: O que acharam de mais interessante? Como as inovações e o contexto apresentados poderiam impactar a cidade em 2030? Que problemas veem nas fotos? Que soluções para os problemas atuais veem nas fotos? Contudo, não houve tempo para um primeiro debate dos alunos sobre os produtos, que foi deixado para a conversa a respeito de cidades inteligentes que ocorreria na segunda parte da aula, com especialistas convidados.

Na segunda parte da manhã, os estudantes tiveram uma roda de conversa com duas pessoas especialistas no tema de cidades inteligentes (*smart cities*).[28] A ideia de trazer convidados externos serviu a alguns

---

[28] Foram convidados Ciro Biderman, professor da Escola de Administração de Empresas e de Economia da Fundação Getulio Vargas (EAESP), e Claudia Marcela Acosta Mora, doutoranda em Administração Pública e Governo na mesma instituição.

6. A EXPERIÊNCIA NA FGV DIREITO SP: DISCIPLINAS DE IMERSÃO

propósitos: a) colocar os alunos em contato com pessoas especialistas no tema da discussão; b) criar um contato entre a sala de aula e a comunidade acadêmica; e c) engajar os alunos na atividade por meio do estímulo do debate com especialistas.

Os relatos de aprendizagem revelam que os estudantes relacionaram diretamente as visões que eles mesmos tinham sobre a cidade de São Paulo em 2030 com as perspectivas a respeito do assunto trazidas pelos especialistas. Vários relatos apresentam um choque com a ideia de que cidades inteligentes não envolvem apenas o uso da tecnologia, como muitos dos cenários que os alunos construíram indicavam: "Aprendi que inovar não necessariamente diz respeito a tecnologia, mas que coisas aparentemente simples – como parar de poluir o ar diminuindo o uso de carros – é muito mais inovador que certas tecnologias – como a de carros autônomos. Cidades inteligentes são aquelas que limpam rios, não que os soterram para construção de mais vias" (Relato 1, Agenda 2030); "Essa atividade, quando combinada com a conversa com dois especialistas em *smart cities*, Cláudia Acosta e Ciro Biderman, foi essencial para a quebra do senso comum sobre o que são as *smart cities* e quais são os melhores meios para concretizá-las" (Relato 3, Agenda 2030); "Eles nos ensinaram que, ao pensar em uma cidade inteligente, devemos não só imaginar novas tecnologias sendo implantadas, mas também as tecnologias e os recursos que já possuímos, utilizando-os de uma maneira mais lógica e coerente com o espaço urbano. Essas duas atividades foram muito complementares entre si e contribuíram para construir e desconstruir as nossas opiniões" (Relato 12, Agenda 2030); "Um exemplo prático dessa discussão acerca dos impulsos da atualidade reside na discussão tida com Ciro e Claudia sobre as *smart cities*. Nessa ocasião foi evidente a desconstrução da minha concepção que relacionava diretamente cidade inteligente ao uso absoluto de tecnologia" (Relato 17, Agenda 2030).

> Pontos altos do primeiro encontro (segunda de manhã):
>
> - Realização de atividade de integração entre os estudantes permitiu que eles pudessem se olhar, interagir entre eles e conhecer um pouco de cada um logo no início do curso.
> - Realização de atividades que exigiam opiniões mais livres, abertas, trabalhando visões de futuro de cada pessoa, estimularam os(as) alunos(as) a falarem e participarem do curso desde o primeiro momento, rompendo as barreiras da timidez, da insegurança e da comodidade.
> - Utilização da tecnologia que permitiu a todos(as) trabalharem ao mesmo tempo em uma atividade que envolvia criatividade e construção de cenários futuros.
> - O choque de visão dos(as) alunos(as) com a de especialistas convidados ressaltou diferenças e semelhanças de como projetavam o futuro e aprofundou a sensação de aprendizado.

O dia continuou durante a tarde com mais dois momentos. O primeiro começou com um pequeno *quiz* para animar os estudantes após o almoço. O questionário foi elaborado no aplicativo Kahoot!, que possibilita ao docente fazer pequenos jogos de perguntas e respostas com pontuação a cada acerto em um tempo delimitado. A proposta de "mito ou verdade" trazia mais de vinte afirmações sobre o estado da arte da tecnologia, com frases como "Um robô passou em um exame de vestibular" ou "Um micro-organismo já foi teletransportado ao espaço".[29] Seu objetivo era fomentar a atenção dos estudantes para o grau de avanço tecnológico existente em contraposição com suas próprias expectativas, brincando com a ideia de que provavelmente eles considerariam mitos várias afirmações verdadeiras.

---

[29] Confira o Kahoot! proposto no *link*: https://bit.ly/2Xc76F5. Acesso em: 26 jan. 2019.

6. A EXPERIÊNCIA NA FGV DIREITO SP: DISCIPLINAS DE IMERSÃO

A atividade foi acompanhada por um momento de reflexão no qual os participantes discutiriam as implicações dos avanços tecnológicos. As perguntas que nortearam esse debate foram as seguintes: Qual inovação chamou mais a atenção de vocês? Por quê? Que problemas éticos essa inovação pode gerar? Como essa inovação pode levar as pessoas a atrapalharem a vida de outras ou prejudicarem/beneficiarem a si mesmas? Que problemas para o Direito essa inovação pode gerar? Que tipos de casos poderão surgir nos tribunais em razão delas? Que tipos de normas os Poderes Legislativo e Executivo deverão cogitar para resolvê-los?

Acreditamos que a dinâmica tenha impactado os estudantes, alertando-os para a importância do tema e das atividades da disciplina, o que seria fundamental para o restante da semana. Também permitiu que eles questionassem os limites éticos e jurídicos da tecnologia. Conforme apresentado em um dos relatos, "Aprendi que algumas inovações tecnológicas, quase que impossíveis de se acreditar, já fazem parte da nossa realidade – principalmente as que envolvem inteligência artificial e robôs –, e que, muitas delas, questionam qual o limite da ética e da moralidade" (Relato 1, Agenda 2030).

O jogo do "mito ou verdade" serviu para despertar a atenção dos alunos à dinâmica seguinte, que consistiu em uma atividade em grupo de estudo de casos sobre direito à privacidade. Durante a hora seguinte, os estudantes foram divididos em grupos para analisarem cinco casos de proteção de dados. O objetivo era levá-los a aplicar institutos e conceitos jurídicos a casos concretos que envolvessem tecnologia, a fim de que refletissem sobre a suficiência ou insuficiência do ordenamento brasileiro para lidar com os problemas decorrentes dela. Por essa razão, não escolhemos processos julgados ou precedentes judiciais, mas situações recentes que ainda não haviam sido definitivamente resolvidas pelas autoridades públicas – casos Ashley Madison, Equifax, *My Friend Cayla*, Samsung SmartTV e Tudo sobre Todos.[30]

---

[30] Você pode conferir o material didático no *link*: https://bit.ly/2TdnBjh.

A discussão se desenvolveu a partir de uma adaptação do método de *world café* (café-múndi). No café-múndi, um conjunto de pessoas é dividido em grupos menores (mesas). Cada mesa tem sua própria pergunta sobre um problema comum a todos os grupos. Depois de um período de tempo, acaba o tempo de discussão. Os membros devem escolher uma pessoa para ficar na mesa até o final da atividade (anfitriã). As demais se espalham para outras mesas, embaralhando os grupos. Os anfitriões de cada mesa resumem o que foi discutido até aquele momento para os recém-chegados. Após algumas rodadas, as pessoas voltam a seus grupos de origem para se atualizar do que foi sugerido pelos colegas que passaram por lá anteriormente.

Na Agenda 2030, indicamos pesquisadores do CEPI para serem os anfitriões das mesas, cada uma relativa a um caso. Todos foram relatados para os estudantes, que escolheram a mesa em que desejavam começar a atividade por afinidade e gosto. Depois de 15 minutos, foram para outra mesa, o que se repetiu após mais 15 minutos. Ao todo, portanto, cada participante conheceu e debateu três dos cinco casos de privacidade.

A proposta de combinar o café-múndi com o método do caso tinha como objetivo estimular os alunos a compararem situações e as soluções jurídicas propostas para cada uma delas. Por meio desse contraste, eles seriam capazes de identificar elementos diferentes e comuns às situações concretas, relacionando-os com a suficiência ou insuficiência das soluções jurídicas previstas no ordenamento brasileiro. Assim, esperava-se que determinado aluno, ao discutir o caso *My Friend Cayla* e depois o caso da Samsung SmartTV, pudesse entender a importância da proteção dos dados pessoais envolvidos na utilização de objetos ligados à internet (internet das coisas).

Os alunos refletiram sobre esse aprendizado em seus diários. Percebemos que eles ficaram alertas para problemas de privacidade, como no seguinte relato: "Aprendi que a privacidade, atualmente, é um tesouro, e que é muito complicado responsabilizar juridicamente alguém por tentar roubá-lo. Aprendi que devemos tomar cuidado com o conteúdo dos contratos de adesão com que 'concordamos' todos os dias sem ler, e que tecnologias podem cruzar dados para ter informações sobre todos nós" (Relato 1, Agenda 2030). Eles também relacionaram o conteúdo dos casos com a proposta global da disciplina: "Vimos aqui que a moder-

6. A EXPERIÊNCIA NA FGV DIREITO SP: DISCIPLINAS DE IMERSÃO

nização, assim como na célebre obra de Aldous Huxley que dá título à disciplina, pode, ao mesmo tempo que melhorar a qualidade de vida da sociedade, gerar inúmeras outras controvérsias éticas, morais, sociais, jurídicas e até mesmo tecnológicas (problemas como *hackers* e *big data*, por exemplo)" (Relato 8, Agenda 2030). A atividade despertou o interesse deles por outras temáticas que não conheciam, tudo isso apenas na tarde do primeiro dia da imersão: "Passei a ficar bastante interessada no assunto da 'personalidade digital', que não era minha primeira opção para o trabalho final, mas acabei fazendo sobre ele e penso muito em fazer meu futuro TCC relacionado à propriedade de dados digitais" (Relato 9, Agenda 2030).

Depois do intervalo, os alunos tiveram uma palestra com um representante da empresa IBM, convidado para falar sobre as novas diretrizes da política de proteção de dados da instituição. Assim como fizemos na manhã do primeiro dia, a proposta foi contrapor a experiência que os estudantes tiveram nas primeiras atividades, com todos os sentimentos, as opiniões e as reflexões envolvidos, à visão de alguém que convive diariamente com o problema. O método expositivo, nesse caso, teria seu papel por permitir que, em um tempo delimitado, um convidado externo expusesse um conhecimento que não seria obtido facilmente de outra forma pelos estudantes.

Vale ressaltar que a opção por trabalhar o direito à privacidade e a proteção de dados pessoais ao longo da tarde não foi mero acaso. Entre os vários temas possíveis, por exemplo, *cybersegurança*, criptografia ou liberdade de expressão e intolerância, enxergamos na proteção de dados um problema que estava na pauta do dia, mas não estava na mídia mais acessada pelos estudantes, que afetava diretamente algumas ações deles (como disponibilizar dados na rede) e que não contava com soluções jurídicas prontas no ordenamento brasileiro. Por meio de um problema, então, considerávamos que eles poderiam treinar um raciocínio sobre identificação e tratamento de questões jurídicas aplicável a qualquer um desses temas.

> Pontos altos do segundo encontro (segunda à tarde):
>
> - Realização de atividade de sensibilização e atenção dos estudantes para o problema, com o objetivo de fazê-los dar importância para a disciplina e seu conteúdo.
> - Realização de atividades que contrastavam o senso comum sobre tecnologia com informação qualificada, com o objetivo de utilizá-la para concretizar objetivos mais complexos de aprendizagem (como avaliação dos limites éticos e jurídicos).
> - Utilização da tecnologia que permitiu uma motivação externa (por gamificação) na discussão de um conteúdo.
> - Novamente, o choque da visão prévia dos(as) alunos(as) com a de um profissional ressaltou diferenças e semelhanças de como enxergavam problemas de privacidade (um problema jurídico, entre outros) e tecnologia.

O segundo dia da disciplina enfocou problemas de socialização decorrentes do avanço da tecnologia e estimulou os estudantes a refletirem sobre tendências de desenvolvimento da sociedade digital. O referencial teórico do encontro foi o livro *Sociedade do cansaço*, de Byung-Chul Han. O filósofo reflete sobre os impactos da sociedade contemporânea no modo como nos identificamos, nos comportamos e nos sentimos, principalmente a partir da ideia de que mecanismos de controle e comando foram internalizados pelos indivíduos, que se veem pressionados a atingir ideais de desempenho inatingíveis.

Pela manhã, a primeira atividade de que os alunos participaram foi a "dinâmica dos *likes*". Em grupos, eles deveriam criar o perfil de uma pessoa fictícia na rede social Facebook. O desafio era elaborar um perfil que atraísse o maior número de seguidores possível, utilizando para isso informações como nome da pessoa, aparência, histórico de vida, interesses (livros, atividades, filmes, etc.), além de postagens que poderiam aparecer em sua *timeline*. Como disponibilizamos um documento compartilhado a fim de que o preenchessem, os grupos poderiam aproveitar imagens da internet para montar seus influenciadores digitais.[31]

---

[31] Para acessar o modelo disponibilizado aos alunos, cf.: https://bit.ly/2LGtrpi

6. A EXPERIÊNCIA NA FGV DIREITO SP: DISCIPLINAS DE IMERSÃO

O objetivo da atividade era estimular os estudantes a mapearem tendências sociais a partir de condutas que veem cotidianamente nas redes sociais. Desejávamos em especial que eles relacionassem a emergência de novas formas de exposição com sentimentos como necessidade de aprovação, busca por validação externa e cansaço existencial. Por não predeterminarmos como eles deveriam fazer essa relação, tivemos como resultado da atividade tanto perfis mais alinhados com uma visão de consciência social (pessoas identificadas com alguma causa) quanto perfis alinhados com uma imagem de obtenção de *likes* a qualquer custo. Os grupos que criaram o primeiro tipo justificaram-se comentando a importância cada vez maior que as pessoas atribuem, em sua opinião, às causas sociais e aos resultados que essas ações produzem na realidade. Já os grupos que criaram o segundo tipo justificaram-se apontando que buscaram retratar o que mais interessa às pessoas nas redes sociais. O contraste dos dois perfis permitiu aos estudantes não apenas refletir sobre o que significa ser influenciador hoje em dia, como também os fizeram perceber que os perfis retratavam mais o mundo deles do que o das redes sociais.

Depois do intervalo, os estudantes voltaram para a segunda atividade da manhã, a "atividade das bolhas". A dinâmica foi dividida em dois momentos. No primeiro deles, seguimos uma maneira dinâmica e poderosa de dividir a turma em grupos. Os estudantes deveriam responder a um questionário com perguntas simples. Sem que soubessem, atribuímos a cada resposta uma pontuação diferente (1 ponto para a alternativa "a", 2 pontos para a alternativa "b", e assim por diante). Os alunos foram ranqueados conforme a pontuação. É importante ressaltar que os pontos não tinham relação com respostas mais ou menos certas, mas foram apenas uma forma de diferenciar os alunos, tentando aproximar aqueles que tinham opiniões mais próximas entre si. Ao final, o *ranking* foi apresentado à sala, que foi separada em grupos de acordo com a distância entre os alunos.

A proposta de divisão de grupos procurou introduzi-los ao tema das bolhas da internet e das formas de socialização na sociedade digital por meio de uma experiência similar ao que ocorre na realidade. Sem que soubessem, suas opiniões alimentavam um sistema simples de algoritmo (operações repetidas de atribuição de pontos e ranqueamento). Esse *ranking* foi determinante para colocá-los em grupos de pessoas que tiveram pontuações parecidas, em uma tentativa de agrupar pessoas com opiniões similares. O desconhecimento sobre o método era um elemento fundamental da dinâmica, uma vez que a atuação de algoritmos na internet e nas redes sociais – para determinar o que vemos na *timeline*, por exemplo – ocorre muitas vezes sem que saibamos como.

Cada grupo, então, recebeu uma narrativa fictícia sobre um problema de discriminação. Sinteticamente, tratava-se do caso de um empregado de uma instituição que lidou de maneira grosseira, em rede social, com pessoas que questionaram a política de diversidade nos eventos por ela organizados. A tarefa dos estudantes seria tentar encontrar uma solução para a questão que pudesse equacionar diferentes valores – diversidade, direito à defesa, honra, mérito, etc. Para reforçar ainda mais o papel das bolhas, em cada conjunto indicamos uma pessoa da equipe docente responsável por trazer apenas um tipo de opinião. Nessa linha, alguém seria representante da instituição (preocupado com a imagem institucional), outra pessoa seria amiga do empregado (preocupado em defender o colega), outra pessoa seria uma colega do empregado fortemente preocupada com a questão da diversidade (preocupada em punir o colega), e assim por diante.

Esperávamos que a divisão por *ranking* e a alocação de pessoas com visões parciais do caso para "assessorar" os grupos tivesse o efeito de levar cada um deles a soluções diametralmente opostas. Contudo, as soluções que apresentaram ao final eram muito semelhantes. Essa situação permitiu que os estimulássemos a refletir sobre a homogeneidade da sala e o quanto vivíamos nós mesmos em uma bolha. Eles também relacionaram essa situação com avanços nas tecnologias de informação e comunicação, especialmente as redes sociais, e com as possíveis consequências desse movimento de bolhas para a socialização das pessoas nos próximos 15 anos.

No fim, os próprios alunos constataram a importância do encontro para refletir sobre a sociedade. Nas palavras de um dos relatos: "O segundo dia foi para mim tão fundamental quanto o primeiro. Foi sem dúvidas o dia mais reflexivo para mim. Começando pela leitura indicada sobre a sociedade do cansaço, que casou perfeitamente com as discussões, tanto sobre as características que gostaríamos de mudar até 2030 quanto sobre a criação de perfis com características que considerávamos dignas de valoração social" (Relato 16, Agenda 2030).

6. A EXPERIÊNCIA NA FGV DIREITO SP: DISCIPLINAS DE IMERSÃO

A leitura também foi mencionada em outro diário: "A primeira parte do dia foi um momento sensível, em que todos se abriram e discutiram as consequências da tecnologia para a saúde psicológica do indivíduo, em concordância com os tópicos levantados no texto 'Sociedade do Cansaço'" (Relato 3, Agenda 2030). Ficamos felizes com essas menções, uma vez que não havia nenhum instrumento de coerção ou avaliação da preparação na disciplina.

> Pontos altos do terceiro encontro (terça de manhã):
> - Realização de atividade que envolvia uma situação presente praticamente em todos os momentos da vida dos alunos (seleção da exposição nas redes sociais).
> - Seleção de leitura prévia que tinha total relação com as dinâmicas realizadas com os estudantes, dando-lhes um senso de utilidade na preparação.
> - Utilização da tecnologia para a divisão dos grupos (formulário) e também para a realização da atividade (documento compartilhado).
> - Deslocamento do problema meramente tecnológico para uma discussão mais ampla acerca de que sociedade queremos e de como as inovações impactam a socialização das pessoas, de maneira a tornar o curso mais abrangente e com maior inserção social.

O período da tarde ficou reservado para a visita externa, um dos principais motivos de se oferecer uma imersão desse tipo. Durante a concepção da disciplina, refletimos sobre qual seria o ambiente ao qual gostaríamos de levar os estudantes. A proposta de trabalhar com uma agenda de futuro que envolvesse problemas jurídicos nos levou a pensar em empresas que estivessem na vanguarda da inovação. O contato com a Stone Pagamentos foi feito por sugestão de outros professores, que indicaram a empresa como um ambiente que se enquadrava no que desejávamos.

A Stone Pagamentos se mostrou um local muito interessante para os alunos visitarem. Em primeiro lugar, ela é atualmente uma das principais empresas no mercado de pagamentos, embora tenha surgido apenas em 2014 como uma *startup*. Esse crescimento expressivo mostra que ela trouxe inovações em processo, gestão e tecnologia que encontraram espaço em um mercado quase monopolizado. Por outro lado, é um movimento que gera seus próprios desafios, como a necessidade de gerenciar equipes que se tornaram maiores, motivar colaboradores ou lidar com problemas inéditos. Em segundo lugar, por ter uma cultura organizacional declaradamente voltada para a viabilização de negócios (empreendedorismo), a inovação, o atendimento ao cliente e o trabalho em equipe, o departamento jurídico da Stone apresenta um ambiente diferenciado, com perfil próprio de profissionais e demandas de soluções. Desejávamos que os estudantes realizassem contato com advogadas e advogados que tivessem como missão encontrar meios de concretizar projetos, diferentes da tradicional posição de "portadores do não" ao final do processo de concepção. Em terceiro lugar, a visita a uma empresa que atua em um mercado profundamente alterado pela tecnologia (meios de pagamento em transações comerciais) atingiria o objetivo de estimular os alunos a pensar cenários futuros e os impactos das inovações.[32]

A ida dos alunos à empresa foi um ponto alto do curso. A simples expectativa de sair do ambiente da escola já foi suficiente para aumentar o nível de foco e concentração dos alunos ao aprendizado. Ao chegar lá, as advogadas Daniela Zarzur e Gabriella Read nos receberam e levaram nosso grupo para um auditório onde ele pôde conversar com praticamente toda a equipe jurídica da Stone. Foi possível ver o vídeo institucional com a filosofia da empresa e conversar com os profissionais do departamento. Em seguida, a turma foi dividida em duas: uma ficou com a equipe jurídica, esclarecendo dúvidas e discutindo casos mais relevantes, enquanto outra se dirigiu a outro auditório para conversar com a equipe técnica de inovação e tecnologia. Depois de 30 minutos, os dois grupos trocaram, de modo que todos puderam conversar com os dois times.

A visita tocou em vários pontos que já tinham sido ou iriam ser abordados no curso. Com a equipe jurídica, os estudantes puderam compreender que os profissionais jurídicos escolhidos para trabalhar nesses ambientes devem ser pessoas ousadas, com espírito criativo a fim de

---

[32] Para saber mais sobre o histórico da Stone Pagamentos e o perfil da empresa, cf.: https://blog.stone.com.br/historia-da-stone/, https://blog.stone.com.br/stone-pelo-empreendedor-brasileiro/, https://epocanegocios.globo.com/Informacao/Visao/noticia/2015/01/credito-debito-ou-digital.html e https://blog.stone.com.br/direito-e-empreendedorismo/.

6. A EXPERIÊNCIA NA FGV DIREITO SP: DISCIPLINAS DE IMERSÃO

viabilizar soluções mesmo diante de amarras regulatórias, capacidade de trabalhar em equipes interdisciplinares e habilidades para gerenciar tempo, tecnologia e projetos. Sobre as tecnologias, aliás, foi possível ouvir a respeito da utilização de *softwares* de gestão de processos no contencioso. Com a equipe de criação, houve meios de compreender uma filosofia que serve de mote para a inovação na empresa e que depois alguns vieram a aplicar na elaboração de seus projetos: identificar uma dor para alguém, procurar uma solução para essa dor e compartilhar a experiência.

Os resultados foram discutidos logo no início do 3º dia, na manhã da quarta-feira. Os estudantes trouxeram opiniões muito ricas sobre o que viram, desde observações a respeito do local (abertura do ambiente, informalidade das roupas e dos tratamentos, modernidade na decoração e nas cores) até comentários quanto à advocacia em empresas desse tipo. O momento de reflexão sobre a experiência revelou diferenças na turma (ao contrário da dinâmica das bolhas) e possibilitou que eles entendessem como a realidade da inovação e da tecnologia pode ter aspectos positivos e negativos, concluindo com sucesso um arco de desenvolvimento que começou no primeiro dia.

Esse choque de visões apareceu claramente nos diários de bordo, mas, mais importante, elas estavam conectadas com elementos que haviam aparecido no curso, como mostram os trechos a seguir:

> *À tarde visitamos a Stone e confesso que fiquei, em certa parte, maravilhada com a empresa – desde o clima descontraído dentro dela, até a forma que ela implementa as novas tecnologias. [...] Na quarta-feira de manhã discutimos sobre tal visita, e o ponto de vista que algumas pessoas tiveram da visita foi bem esclarecedor: algumas não apoiavam a total implementação de tecnologia nos processos produtivos, trazendo uma visão mais social e preocupada com a questão do desemprego – algo de que eu, com a visão tão voltada para inovação, erroneamente, não tinha me dado conta.* (Relato 5, Agenda 2030)

> *A visita à Stone também permitiu experiência útil e interessante, em que fomos estimulados a pensar criticamente acerca da junção da tecnologia e do direito no futuro próximo. Não tinha parado para pensar sobre a evolução ocorrendo nos pagamentos, e me surpreendi principalmente com a nova estrutura da Amazon Go que nos introduziram, em que não há nenhum tipo de caixa.* (Relato 20, Agenda 2030)

ENSINO JURÍDICO E INOVAÇÃO

Ainda nessa visita à empresa, foi apresentada a nós uma perspectiva sobre o impacto da tecnologia no varejo. Os profissionais presentes nos mostraram como utilizar a tecnologia a seu favor, exemplificando esse raciocínio através do sistema do tripé: dor, solução e experiência. Esse tripé pode ser utilizando para qualquer setor e em qualquer contexto quando se deseja revolucionar algum aspecto dessa área, ao procurar uma dor naquele sistema, buscar uma solução e compartilhar a experiência vivida. O debate realizado no dia seguinte foi muito enriquecedor, uma vez que foi possível ouvir as mais variadas opiniões e visões que os colegas tiveram da empresa. (Relato 12, Agenda 2030)

O quinto encontro continuou com uma sessão de *brainstorming* realizada pelos alunos, que tiveram a tarefa de mapear tendências tecnológicas e sociais para 2030. Como o objetivo era capacitá-los para ter e desenvolver ideias, construir cenários futuros e definir problemas a serem trabalhados, os estudantes foram divididos em grupos, nos quais deveriam registrar em uma cartolina todas as possibilidades que visualizavam, sem rejeitar nenhuma ideia. A intenção subjacente a essa atividade era iniciar o caminho dos alunos pelos "5 D"s do DT mencionados anteriormente, permitindo-lhes identificar e definir problemas.

Para reforçar a definição do problema, a tarefa seguinte dos grupos foi destacar as três tendências que achavam mais relevantes, segundo critérios próprios de relevância. Depois, as cartolinas foram coladas na lousa e os facilitadores expuseram para todos os destaques de cada grupo. Os estudantes, individualmente, colocaram adesivos coloridos naqueles que achavam mais relevantes, novamente seguindo critérios próprios de interesse e relevância. Ao final, os próprios alunos escolheram cinco grandes assuntos:

- Casas inteligentes (*smart houses*).
- Chipagem de pessoas.
- Tecnologia e sustentabilidade.
- Avanços médicos.
- Responsabilidade digital.

O encontro terminou com uma conversa com Ângelo Caldeira, CEO da Looplex, startup de automação de documentos jurídicos. O convidado trouxe sua visão sobre o futuro do Direito e das profissões jurídi-

6. A EXPERIÊNCIA NA FGV DIREITO SP: DISCIPLINAS DE IMERSÃO

cas diante dos avanços tecnológicos, abordando desde a ideia de que os algoritmos permitirão leis personalizadas segundo lugares e pessoas até a opinião de que os profissionais não poderão mais ficar alheios à tecnologia, mesmo que não sejam versados em computação e programação.

> Pontos altos do quarto e do quinto encontros (terça à tarde e quarta de manhã):
> - Visita externa que permitiu aos estudantes não apenas saírem do ambiente da escola, mas conhecer um local de trabalho diferenciado e ter contato direto com pessoas que lidam cotidianamente com os temas do curso.
> - Reflexão posterior sobre a experiência, que revelou não apenas a riqueza de percepções e opiniões sobre a visita, mas também ressaltou diferenças entre os estudantes e seu histórico de vida.
> - Finalização do arco de sensibilização, conscientização e exploração da relação entre direito e tecnologia.

c. A segunda parte da disciplina em detalhes: processo de criação do produto, apresentação e *feedback* em grupo

A segunda parte da disciplina (arco de desenvolvimento do produto) se iniciou no 6º encontro, na quarta-feira à tarde. Diferentemente do primeiro arco, que se voltou para a sensibilização da importância da relação entre direito e tecnologia e sua compreensão, o segundo arco se destinou a desenvolver habilidades e competências como gestão de projetos, criatividade, identificação e análise de problemas, visão apreciativa e imaginativa, elaboração de apresentações curtas e poderosas, além de capacidade para dar retornos de desempenho construtivos (*feedbacks* construtivos). Essa proposta constituiu o coração da disciplina e foi o momento escolhido para permitir a maior autonomia aos alunos.

O encontro começou com a divisão da turma em grupos segundo o que chamamos de "regra dos pés". Esse método procura valorizar a autonomia e os interesses dos estudantes na definição dos grupos, permitindo-lhes escolher seus grupos segundo afinidades temáticas e, de maneira secundária, pessoais. Em cada canto da sala fixamos uma imagem correspondente a uma das cinco tendências apontadas pelos

ENSINO JURÍDICO E INOVAÇÃO

estudantes como mais relevantes na manhã. Eles deveriam se dirigir ao canto com o tema que gostariam de trabalhar. Como houve diferença na quantidade de alunos nos grupos, e para permitir que todos tivessem mais ou menos o mesmo número de membros, pedimos a voluntários que saíssem dos mais cheios para os mais vazios, até que todos os grupos tivessem cinco pessoas.

Depois da divisão, os grupos trabalharam na primeira parte do processo de DT: a definição do problema. Dentro da tendência escolhida, tiveram que responder a duas perguntas: Qual a questão que desejam resolver? Por que essa questão é importante? Eles receberam uma folha de *flip-chart*, na qual deveriam apenas escrever uma pergunta bem delimitada. Os resultados foram muito promissores:

- O grupo com o tema *casas inteligentes* formulou a pergunta: "Como a tecnologia das *smart houses* pode auxiliar o convívio íntimo e harmônico de uma família, além de facultar o convívio dela com as demais famílias de uma comunidade?" O objetivo era explorar modelos contratuais aplicados a casas inteligentes que pudessem contribuir para impactos positivos na socialização das pessoas.
- O grupo com o tema *chipagem de pessoas* formulou a pergunta: "Como e por que ampliar o acesso à chipagem pode ser benéfico à sociedade de 2030?" O objetivo era explorar políticas públicas de chipagem de pessoas com impactos sociais positivos.
- O grupo com o tema *tecnologia e sustentabilidade* formulou a pergunta: "Como a tecnologia pode mitigar os eventuais riscos de insuficiência energética em 2030?" O objetivo era explorar soluções para possíveis crises energéticas decorrentes do crescente consumo de energia elétrica por aparelhos eletrônicos.
- O grupo com o tema *avanços médicos* formulou a pergunta: "Como será regulado o transplante de órgãos em 2030, considerando a impressão 3-D?" O objetivo era explorar políticas públicas e regulatórias para a disciplina de transplante de órgãos, levando em consideração o mercado de órgãos criados por impressoras 3-D de tecidos vivos.
- O grupo com o tema *responsabilidade digital* formulou a pergunta: "Como regular a proteção de dados em tempos de redes sociais

e mercados de preço zero?" O objetivo era examinar aplicativos e jogos que são disponibilizados gratuitamente aos usuários, mas são remunerados por meio dos dados coletados.

É importante ressaltar, por ser uma parte fundamental da atividade, que os grupos não apenas tinham que formular perguntas o mais precisas possível, mas também deviam pesquisar os problemas para justificar a relevância deles. A atividade se desenvolveu, então, como uma espécie de *webquest*, segundo a qual os estudantes devem responder a uma pergunta (qual a relevância do problema?) a partir de pesquisas realizadas na internet. O grupo de responsabilidade digital se destacou por ter selecionado uma série de aplicativos e *sites* produtores de memes e testes que eram disponibilizados gratuitamente, mas que eram remunerados por meio dos dados das pessoas.

Para a segunda parte do encontro, planejávamos que os estudantes tivessem contato com um especialista em criação e projetos, mas os custos da oficina e problemas de agenda dos capacitadores inviabilizaram essa proposta. Propusemos, então, uma dinâmica que buscava desenvolver o trabalho em grupo e a linguagem não verbal dos estudantes, a "dinâmica dos códigos". Nessa atividade, cada grupo recebeu um papel com uma mensagem cifrada e um conjunto de papéis com códigos que ajudariam a decifrá-la. Cada papel de código vinha com uma regra individual aplicável para a pessoa que o recebia. As regras variavam desde "Só você pode falar com outras equipes" até "Só você de sua equipe pode tirar dúvidas sobre a atividade". O grande desafio por trás da dinâmica é que nenhuma mensagem sozinha possibilitava a conclusão da tarefa (buscar uma citação em um livro), de modo que somente em conjunto a turma seria capaz de solucioná-la. Com o resultado final em mãos, eles teriam uma combinação numérica que serviria para abrir uma mala fechada a cadeado – dentro da qual, foram informados, havia uma surpresa.

FIGURA 3 – Fotos das dicas e tarefas que cada pessoa desempenhava nos grupos

FIGURA 4 – Foto dos papéis com mensagens codificadas

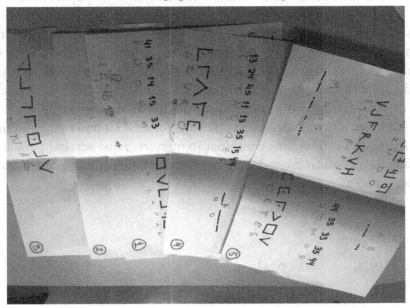

6. A EXPERIÊNCIA NA FGV DIREITO SP: DISCIPLINAS DE IMERSÃO

Esse foi um dos pontos altos do curso. Como facilitadores, pudemos perceber como a atividade começou com cada pessoa procurando resolver o código de seu grupo sozinha. Rapidamente, porém, os estudantes perceberam que precisavam dos papéis dos demais para entendê-la. Ao resolvê-la, ficaram paralisados por não saberem como isso poderia ajudá-los. Foi perceptível que a dinâmica só voltou a fluir quando duas pessoas com a regra "Só você pode falar com outras equipes" começaram a circular pelos demais grupos da sala, reunindo as mensagens e os códigos. Os grupos começaram a se ajudar, e rapidamente a sala se tornou um círculo em torno do código final.

O debate de reflexão posterior à atividade enfatizou a experiência que eles tiveram para concluir a tarefa e questões de trabalho em equipe. Os estudantes refletiram sobre a dificuldade de olhar o que os demais membros do time estão fazendo e quais são suas necessidades. Ressaltaram a importância de "dar um passo atrás" e observar o conjunto das tarefas, além de confiar no que seus colegas estão fazendo. Como exposto em um dos relatos:

> O ponto que mais me marcou foi na atividade do código, em que cada aluno tinha uma parte (pequena) para contribuir no desenvolvimento do trabalho. Eu sou, naturalmente, uma pessoa muito ansiosa e, ao ver que pouco poderia ajudar no trabalho, fiquei muito angustiado com isso. No final, durante a conversa de explicação e a comparação da atividade com uma divisão saudável de atividades em grupos de trabalho, eu percebi o quão difícil é pra mim delegar funções e efetivamente trabalhar como um membro de um grupo, e não coordenando ou me desgastando. (Relato 7, Agenda 2030)

O objetivo de inserir essa atividade nesse momento do curso, em que os grupos de trabalho já estavam formados, era fazê-los refletir sobre o papel de cada um nas tarefas que viriam a seguir e como poderiam tornar a experiência mais agradável e proveitosa se vissem a força do coletivo.

FIGURA 5 – Registro de momento coletivo
e cooperativo na dinâmica dos códigos

> Pontos altos do sexto encontro (quarta à tarde):
> - Início do processo de DT pelo momento de definição do problema.
> - Conexão das atividades da tarde com as do período da manhã, de maneira a aproveitar as tendências indicadas e selecionadas pelos próprios alunos, garantindo, assim, que os projetos partissem de problemas que eles mesmos achavam relevantes (e não, por exemplo, os facilitadores).
> - Definição dos grupos por meio da "regra dos pés", que valoriza a autonomia e os interesses dos estudantes, como uma forma de garantir o engajamento e a motivação da turma para a realização dos projetos.
> - Uso da tecnologia em sala de aula para a realização de pesquisas que pudessem contribuir para uma definição melhor do problema a ser explorado pelos grupos no restante da disciplina.
> - Atividade que procurou ressaltar a importância do trabalho em grupo e estimular os alunos a refletir sobre o que faz o desempenho de uma equipe ser melhor ou pior, bem como avaliarem sua própria conduta em um grupo.

O sétimo encontro se destinou ao trabalho dos dois próximos "D"s no processo de DT: descobrir (*discovery*) e sonhar (*dream*). O primeiro bloco começou com um exercício de criatividade. Em roda, passamos um saco com papéis nos quais escrevemos o nome de alguns objetos. Cada aluno deveria retirar um papel e dizer o que faria com o objeto. O estímulo à criatividade estava na necessidade de darem alguma utilidade para coisas como "lapiseira sem grafite" ou "caneta sem carga". Alguns estudantes tiveram ideias muito boas de reutilização e reciclagem de materiais. O objetivo era fazê-los observarem como itens descartados podem ser úteis se vistos de outra maneira, assim como materiais e ideias rejeitadas podem ser importantes se aproveitadas de outra forma.

Em seguida, eles voltaram a trabalhar nos projetos que estavam desenvolvendo com seus grupos. A segunda etapa foi de "descoberta", ou seja, de levantamento de dados, atores, questões éticas, questões jurídicas, *insights* e experiências bem-sucedidas relacionados com o problema que escolheram estudar. Para isso, receberam um *flip-chart* que continha os campos descritos no Quadro 1 e mostrados na Figura, além de um conjunto de *post-its* com os quais poderiam preencher, corrigir e reescrever respostas para cada um deles. O objetivo envolvido na atividade era garantir que eles pudessem explorar mais o problema que selecionaram, encontrando informações que os fizessem definir melhor sobre o que atuar e para que atuar.

QUADRO 1 – Reprodução esquemática dos campos disponibilizados para preenchimento dos alunos

	Dimensão pessoal	Comunitária	Global
Impactos			
Atores			
Questões éticas			
Questões jurídicas			
Experiências bem-sucedidas			

FIGURA 6 – Resultado final do preenchimento dos canvas sobre fatores importantes para a descoberta do problema

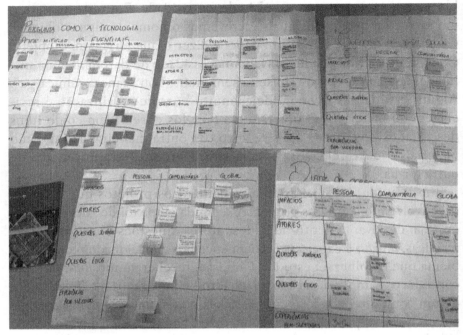

Orientamos os estudantes que, naquele momento, eles deveriam compreender e aprofundar diferentes visões sobre o problema, conversar (se possível) com pessoas e ouvir o que elas estavam falando sobre ele. Precisariam pensar nas dimensões individual, comunitária e global, vendo como a questão impactava pessoas, a coletividade e o mundo. Incentivamos os grupos a buscarem dados e relatórios, pesquisarem na internet, conhecerem iniciativas que já atuavam sobre os problemas, identificarem experiências bem-sucedidas para lidar com esse problema ou com outros semelhantes. Tudo isso para responderem, então, a duas perguntas básicas: Em que cenário esse problema está inserido? Como o problema afeta o contexto hoje e poderá afetá-lo até 2030? Eles tiveram uma hora para essa etapa.

No segundo bloco do encontro, após o intervalo, fizemos novamente um exercício de criatividade. Em roda, escolhemos um objeto para passar. Cada pessoa na roda deveria pegar esse objeto e encenar uma

6. A EXPERIÊNCIA NA FGV DIREITO SP: DISCIPLINAS DE IMERSÃO

utilização dele para os demais sem repetir as anteriores – por exemplo, usar uma caneta como vara de pescar, cotonete, arco e flecha, etc. Em uma nova rodada, os alunos deveriam imaginar um objeto e representá-lo por meio de mímica, passando-o para a pessoa seguinte na roda, que deveria pegar esse objeto imaginário e transformá-lo em outra coisa – por exemplo, representar por mímica um bebê e passá-lo para outra pessoa, que o transforma em uma cesta de compras. A atividade procura desenvolver a criatividade por meio do estabelecimento de relações entre coisas aparentemente desconexas. Ela funciona como um aquecimento para dinâmicas em que há uso intenso da criatividade, como exigido no processo de DT.

De novo reunidos em grupos, os alunos receberam a missão de concretizar o terceiro "D" do processo: *dream* (sonhar). Deveriam conceber um cenário no qual o problema selecionado por eles estaria resolvido, respondendo à pergunta: Como seria o mundo com esse problema resolvido? Diferentemente de processos que enfatizam o diagnóstico e a análise das causas dos problemas para intervir sobre elas, essa abordagem procura ser mais apreciativa, enfatizando caminhos que podem ser trilhados para um mundo ideal, em vez de corrigir problemas do mundo atual (COOPERRIDER e WHITNEY, 2001). O objetivo é usar os sucessos e as forças para imaginar possíveis novos usos da tecnologia no futuro. Os alunos deviam imaginar (sonhar) como a comunidade seria "melhor", o que desejavam, aspiravam e queriam para o futuro

A fim de aflorar a criatividade, estabelecemos que eles deveriam construir esse cenário por meio de colagens de revistas. Eles poderiam trocar revistas entre si e buscar figuras que pudessem retratar o que eles imaginavam para o futuro. O objetivo por trás do uso das colagens era permitir que trabalhassem com imagens sobre as quais não tinham pensado inicialmente ou que ressignificassem fotos a fim de se adequar ao que enxergavam para o futuro. A proposta também partiu do pressuposto de trabalhar cérebro, mãos e coração, o que ficou claro diante da empolgação dos alunos em cortar, colar e buscar imagens no material (Figura 7).

FIGURA 7 – Resultado das etapas de definição e descoberta do problema e sonho de um mundo sem ele

Ao final do encontro da manhã, os grupos apresentaram suas propostas para os demais e puderam receber ideias e sugestões. Esse momento de coletivização não apenas serviu para que eles pudessem colher impressões do restante da turma, mas também para que todos os alunos tivessem conhecimento do que seus colegas estavam fazendo. Trata-se de um aspecto importante da atividade, porque aumenta as chances de que trocas aconteçam fora do espaço de sala de aula, além de permitir uma autoavaliação de desempenho até aquele momento por meio da comparação do próprio trabalho com o dos outros grupos – embora, é importante frisar, não haja estímulo à competição de ideias entre os grupos.

6. A EXPERIÊNCIA NA FGV DIREITO SP: DISCIPLINAS DE IMERSÃO

Pontos altos do sétimo encontro (quinta de manhã):
- Continuação do processo de DT combinada com uma investigação apreciativa do problema, que colocam os alunos não para se aprofundar nas causas e no diagnóstico, mas para imaginar um mundo sem esse problema.
- Utilização de dinâmicas de quebra-gelo e criatividade, que permitem aos estudantes entender como processos criativos podem funcionar (conexão de ideias e objetos aparentemente sem conexão, ressignificação de propostas, visualização de novas utilidades para objetos comuns, etc.), além de descontrair ambientes de grande pressão no processo.
- Apoio ao processo de criação por meio de fases estruturadas e oferecimento de materiais que indicam um caminho a seguir, como os canvas para preenchimento com elementos importantes para um projeto.
- Disponibilização de materiais diferentes que podem estimular os estudantes a acionarem diferentes sentidos e habilidades – pressuposto do ensino com cérebro (aspecto cognitivo), mãos (aspecto físico-motor) e coração (aspecto emocional).

O oitavo encontro se voltou para a realização de uma versão bem simplificada dos últimos "D"s do processo: desenho do projeto (*design*) e entrega (*deliver*). Esperávamos que eles saíssem do encontro capazes de: (i) trabalhar em grupo, distribuindo tarefas, revezando lideranças e controlando processos; (ii) compreender etapas de processos de solução de problemas complexos; (iii) avaliar soluções a partir de critérios éticos, econômicos, sociais e jurídicos; (iv) criar um protótipo de solução jurídica; e (v) formular retornos de desempenho (*feedback*) a partir de princípios de comunicação não violenta.

A aula começou, como de costume, com uma atividade de quebra-gelo relacionada com a habilidade que precisariam para as tarefas do dia. Nesse caso, utilizamos o "desafio do *marshmallow*", uma dinâmica bastante reproduzida em oficinas pelo mundo e que conta, inclusive, com um bom material de reflexão.[33] Os estudantes foram divididos em grupos e cada um recebeu o mesmo material (20 varetas de macarrão, um *marshmallow*, um metro de barbante, um metro de fita-crepe e uma tesoura). Sua tarefa era construir a torre mais alta com esse material seguindo duas regras básicas: o *marshmallow* deveria ser colocado inteiro

[33] Cf. Wujec (2010).

no topo da torre e deveria ser sustentado apenas pela própria torre, sem qualquer ajuda. A estrutura deveria se manter estável até a medição, que ocorreria no final do desafio (18 minutos).

O desafio contribuiu para aumentar o foco e a atenção da turma, e seu objetivo era levá-los a refletir sobre a gestão de projetos e crises em pequeno período de tempo. Foi perceptível a animação das pessoas com a tentativa de fazer uma torre que fosse mais alta que as demais e estável o suficiente para sobreviver ao período do teste. As fotos tiradas ao longo da atividade mostram como a tarefa começou com concentração e colaboração, terminando com uma turma animada, que utilizou "corpo e alma" para obter o máximo rendimento. A linguagem corporal dos alunos nas fotos revela não apenas felicidade com a experiência, mas também outros sentimentos, como tensão, surpresa, alívio e orgulho (Figuras 8 a 9).

FIGURA 8 – Momento inicial da realização do desafio do *marshmallow*

6. A EXPERIÊNCIA NA FGV DIREITO SP: DISCIPLINAS DE IMERSÃO

Figura 9 – Registro do momento de espera de um dos grupos pelo término do tempo para elaboração da torre

FIGURA 10 – Registro do momento de término de uma das torres no desafio do *marshmallow*

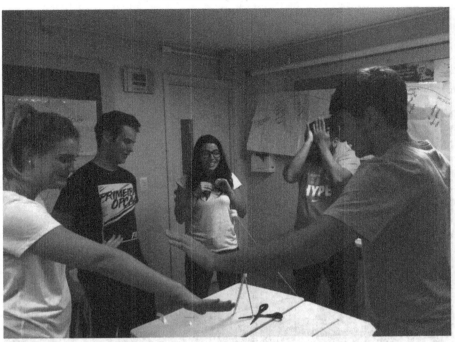

Vale ressaltar que nenhuma dessas experiências passou sem um momento de reflexão posterior. No caso do desafio do *marshmallow*, a turma pôde discutir sobre a importância de elaborar protótipos e saber lidar com erros e falhas. Também puderam expressar como se sentiram lidando com a pressão do tempo, da realização de uma tarefa difícil e com a necessidade de cooperarem mesmo com ideias diferentes sobre como fazer a melhor torre.

Em seguida, os grupos retomaram o trabalho em seus projetos. Por limitação de tempo, escolhemos não enfatizar o processo de desenho e entrega, dando-lhes um período menor para pensar sobre isso (40 minutos). Eles tiveram que responder a duas perguntas: Qual seria uma possível solução para esse problema? Como colocá-la em prática?

Para responder à primeira pergunta, eles tinham que pensar em como ligar o cenário positivo que imaginaram (com o problema resolvido) com o cenário atual que mapearam. Em outras palavras, deve-

6. A EXPERIÊNCIA NA FGV DIREITO SP: DISCIPLINAS DE IMERSÃO

riam pensar em meios de obter a realidade que desejavam, ponderando diferentes soluções, avaliando experiências bem-sucedidas e elegendo uma para ser a solução que apresentariam como sua. Para responder à segunda pergunta, eles preencheram uma lista de ações necessárias para colocar essa solução em prática – Quem deveria ser acionado? Quais aliados poderiam ser relevantes para isso? Quais forças poderiam ser canalizadas para concretizá-la? Que inovações seriam necessárias?

O segundo bloco da tarde foi destinado para uma atividade de avaliação pelos pares. Consideramos mais relevante, no curso, destinar um momento para que eles pudessem refletir sobre como cada colega contribuiu para o grupo e para a disciplina, em vez de dar mais tempo para que pensassem seus projetos. A escolha foi orientada por uma percepção de que os alunos não aprendem a dar e a receber *feedbacks* no curso de Direito, ausência essa com reflexos na vida profissional – por exemplo, quando ocupam um cargo de chefia ou são avaliados nos locais onde trabalham. Essa falta de treinamento se reflete em atitudes como adoção de uma postura defensiva ao receber uma crítica, constrangimento no momento de avaliar colegas, dificuldade em receber elogios e mal-estar ao ser avaliado. O objetivo de capacitá-los a formular retornos de desempenho (*feedback*) a partir de princípios de comunicação não violenta foi visto como fundamental.

Para alcançá-lo, a medida inicial que tomamos foi expor um modelo de *feedback* simples e construtivo que eles poderiam utilizar. Em primeiro lugar, eles deveriam ter uma postura adequada: para quem fala sobre o desempenho, é necessário assumir a postura de quem dá um presente a outra pessoa, querendo seu bem; para quem recebe o *feedback*, é preciso assumir uma postura de gratidão, de quem recebe um presente. Pensar nesse momento como uma ocasião para demonstrar generosidade e alteridade modifica a percepção sobre a crítica. Em segundo lugar, eles receberam a sugestão de usar uma formulação bem simples: dizer o que gostaram de ver e o que gostariam de ter visto. Elaborar o *feedback* nesses termos contribui para que ele seja sobre algo que aconteceu, uma conduta observável, em vez de se referir à pessoa ou a uma característica dela. Também facilita a sugestão de mudanças de comportamento que podem melhorar o desempenho. Finalmente, enfatiza em igual medida tanto o retorno positivo ("eu gostei de ver")

ENSINO JURÍDICO E INOVAÇÃO

quanto o retorno negativo ("eu gostaria de ter visto"), sendo o último elaborado de maneira apreciativa.

A dinâmica de *feedback* funcionou da seguinte maneira: cada aluno recebeu uma folha de papel sulfite. Em rodadas, cada pessoa do grupo receberia a avaliação dos pares. Para que ela pudesse se concentrar totalmente, o colega ao lado ficaria responsável por anotar o que era dito pelos demais. Além do modelo mencionado anteriormente, a única regra que os estudantes deveriam seguir é a de receber a avaliação apenas com agradecimento, sem qualquer comentário e, principalmente, tentativa de rebater o que foi dito. A dinâmica como um todo contou com 30 minutos.

A atividade foi muito apreciada pelos alunos, que passaram a ver a avaliação por colegas como algo positivo.

> *Aprendi que é possível ser sincero em um feedback, trabalhando a empatia e recebendo empatia em troca, algo que falta muito em nossa comunidade. Aprendi que é possível crescermos juntos como grupo a partir de críticas construtivas, apenas dizendo "gostei muito quando você..." e "gostaria de ter visto mais..."* (Relato 1, Agenda 2030)
>
> *A quarta e última reflexão diz respeito ao modelo de feedback construtivo, abordado durante as atividades de design thinking. A técnica ("eu gostei quando você fez..."; "eu queria ter visto mais...") é extremamente valiosa e vantajosa, já que consegue fazer com que o interlocutor permaneça receptivo à mensagem a ser transmitida e identifique comportamentos pontuais a serem melhorados.* (Relato 2, Agenda 2030)

Pontos altos do oitavo encontro (quinta à tarde):
- Realização do *marshmallow challenge*, que é uma atividade incomum nos cursos jurídicos, mas conta com reflexões disponíveis que poderiam ser trazidas para os estudantes.
- Combinação de atividades não relacionadas com o projeto (desafio e *feedback*), mas importantes para que os estudantes valorizassem o trabalho em grupo e a sua equipe.
- Finalização do processo de DT, que, embora simplificado, pode estimular os estudantes a desenvolver sua criatividade, relacionar projetos com o Direito e identificar a importância da gestão de estrutura de projetos e trabalhos em grupo.
- Dinâmica de *feedback*, que proporcionou aos alunos uma visão mais positiva sobre a avaliação e o recebimento de críticas.

A sexta-feira encerrou a semana de imersão com dois encontros que podem ser tratados como um único grande momento. No período da manhã, o quebra-gelo inicial ocorreu com um desafio de mímica, no qual o grupo deveria fazer os demais adivinharem o mais rápido possível o nome do filme que receberam. Queríamos não apenas que eles se sentissem menos inibidos para um dia em que deveriam fazer apresentações aos parceiros, mas também reforçassem a percepção sobre a importância de outras formas de comunicação não verbal.

Em seguida, apresentamos a missão do dia: eles teriam a primeira parte da manhã para elaborar uma apresentação aos parceiros (*pitch*), na qual teriam que contar, de maneira atraente e em até 5 minutos, o problema que desejavam resolver, a questão jurídica envolvida e como eles imaginavam a realidade com o problema resolvido. Mostramos um bom exemplo de *pitch* e, conjuntamente, elaboramos uma lista de características que uma boa apresentação deve ter.[34] Como nos momentos anteriores, os grupos tiveram liberdade para se reunir em qualquer lugar que desejassem, podendo recorrer aos facilitadores sempre que precisassem. No total, contaram com uma hora para a missão.

O objetivo da atividade foi estimular os estudantes a elaborar uma apresentação curta, fazendo-os perceber a necessidade de construir um roteiro atraente, selecionar as informações mais relevantes, pensar em materiais impactantes e treinar a apresentação antes de fazê-la. Eles teriam a facilidade de trabalhar com um projeto do qual haviam se apropriado, mas enfrentariam a dificuldade de transmitir a mensagem a um grupo de pessoas envolvidas na área de direito e tecnologia, algumas das quais não haviam participado da disciplina até o momento. Diferentemente de uma apresentação para a turma, então, eles falariam a uma banca altamente qualificada. A importância da tarefa foi reconhecida em um dos relatos:

> *Por último, adorei a experiência de fazer um pitch à frente de uma banca tão qualificada. Essa é uma habilidade com que deveríamos ter mais contato na faculdade,*

---

[34] Para um conjunto de *pitchs*, sugerimos a busca de eventos de *pitch* de *startup*, como o Demo Day do Google Campus, no qual as várias empresas sediadas no local apresentam seus resultados em cinco minutos. Na disciplina, utilizamos o exemplo do *pitch* realizado por Karen Kanaan para apresentar sua empresa, Baby & Me.

visto que a habilidade de "vender seu peixe" é essencial em qualquer profissão. (Relato 12, Agenda 2030)

O segundo bloco da manhã foi de balanço do curso. A dinâmica escolhida para encerrá-lo envolveu três momentos: o percurso dos arcos de desenvolvimento, a indicação de pontos altos e baixos e a roda de conversa sobre momentos de transformação.

Começamos a atividade mostrando novamente aos alunos os arcos planejados para o curso. Esses arcos, feitos em folhas de *flip-chart*, permaneceram colados na parede da sala durante as aulas, como uma forma de mostrar constantemente a eles o percurso da semana. Percorremos os arcos falando sobre como foi passar pelos momentos, desde antes do início da disciplina até aquele encontro. Depois, convidamos três voluntários para fazer o mesmo processo, contando seus sentimentos, suas percepções, suas dificuldades e seu aprendizado ao longo da semana.

No segundo momento, a turma recebeu dois *post-its*, um azul e um rosa, para escrever um ponto positivo do curso (azul) e um ponto a ser aprimorado (rosa). Cada aluno deveria colá-los nas respectivas posições nos arcos. O objetivo que animou essa atividade foi criar uma maneira bem visual e imediata de *feedback* do curso. Por meio do contraste de cores, os alunos puderam notar rapidamente os pontos altos e baixos do curso. Vale mencionar que apenas quatro pessoas apontaram dificuldades no processo de elaboração do produto.

No terceiro momento da atividade de encerramento, os alunos receberam uma paçoca com uma mandala. Livremente, cada um deles falou em voz alta e brevemente um ponto do curso que sentiram ser especial, colocando a mandala na respectiva posição. É muito interessante notar como as indicações se dispersaram ao longo da semana: para alguns, a ocasião especial foi logo no início; para outros, durante o processo; para outros, ao final da disciplina (Figura 11). Para o primeiro grupo, chamou a atenção a mudança do ambiente da sala de aula (roda) e as atividades de integração dos grupos. Para o último grupo, destacou-se a atividade de *feedback* e, principalmente, a sensação de que saíam melhores do que entravam.

FIGURA 11 – Registro do momento em que os estudantes indicavam os pontos mais transformadores do curso

A disciplina terminou com as apresentações dos grupos para os parceiros da disciplina.[35] Cada grupo teve cinco minutos para discorrer

---

[35] Estiveram presentes na apresentação final dos projetos: Alexandre Zavaglia (Future Law), Anderson Machado (Looplex), Leilani Mendes (Looplex), Daniela Zarzur (Stone Pagamentos), Gabriella Read (Stone Pagamentos), Victor Saldanha (Semantix) e Renato

ENSINO JURÍDICO E INOVAÇÃO

sobre seu projeto e mais 15 minutos de conversa com os parceiros a respeito dos projetos. Apenas para exemplificar os tipos de discussão que surgiram ao longo daquela tarde e que mostraram a riqueza da semana de imersão:

- O grupo com o projeto de casas inteligentes apresentou sua proposta de *software* (Jarvis) que gerenciava a casa conciliando autonomia privada e casos especiais de restrição da vontade, dando ao usuário a possibilidade de definir quando a inteligência artificial da casa poderia agir (encomendando produtos, por exemplo) e quando ela agiria de ofício (casos de acidente doméstico e risco de pessoas saírem de casa sem autorização).
- O grupo com o projeto de chipagem apresentou sua proposta de política pública de chipagem da população, que envolvia, entre outras ações, medidas para reduzir o medo das pessoas de serem chipadas e conscientizá-las dos benefícios desse procedimento – no caso, a possibilidade de que tivessem seus registros médicos no *chip*.
- O grupo com o projeto de sustentabilidade energética elaborou uma apresentação muito visual (com ícones e fluxos de trabalho), mostrando sua proposta de incentivo, por meio de bônus e penalidades, à economia de energia elétrica.
- O grupo com o projeto de impressão 3-D de órgãos indicou como as impressoras de tecidos vivos podem revolucionar a fila de transplantes, e também, por outro lado, a dificuldade que existe em razão da falta de equipamentos na América Latina como um todo, sugerindo como medida a quebra de patentes e a produção dessas impressoras no Brasil.
- O grupo com o projeto de responsabilidade digital exibiu sua proposta de um *software* que acompanharia produtos de proteção virtual (como antivírus) e apresentaria uma classificação de páginas da internet conforme elas revelassem mais ou menos risco para a proteção de dados pessoais dos usuários.

Mandaliti (Finch Soluções). Agradecemos muito aos parceiros por terem contribuído à disciplina e disponibilizado uma tarde inteira para ouvir nossos alunos.

6. A EXPERIÊNCIA NA FGV DIREITO SP: DISCIPLINAS DE IMERSÃO

> Pontos altos do nono e do décimo encontros (sexta-feira):
> - Oportunidade de elaboração de um *pitch* que, diferentemente das apresentações que os alunos estão acostumados a fazer nos cursos jurídicos, deve ser criado em um tempo preestabelecido e procurar persuadir seu público-alvo.
> - Realização de dinâmica de encerramento e celebração do fim do curso, que permitiu aos alunos não apenas revisitar tudo o que haviam feito ao longo de uma semana intensa de atividades, mas também extravasar sentimentos positivos e compartilhar mensagens de apoio para o resto do semestre.
> - Contato da turma com especialistas envolvidos com a temática em seu cotidiano, o que não apenas os motivou a apresentar bons produtos, mas também possibilitou um diálogo profundo e enriquecedor com pessoas que executam seus próprios projetos.

d. Avaliação e atribuição de notas aos alunos

A avaliação geralmente é o momento mais tenso para os professores em um curso participativo. Avaliar o quanto um aluno participou da disciplina, ponderar dificuldades dos alunos tímidos, verificar o quanto cada pessoa trabalhou nos grupos são exemplos de necessidades que tornam difícil a atribuição de nota na disciplina. Contamos a seguir algumas diretrizes que seguimos para tornar o processo mais fácil e alguns aprendizados que levamos a outros cursos.

A avaliação da imersão foi dividida em três notas: produto final (40%), engajamento no curso (30%) e relato de aprendizagem (30%). A nota de produto final objetivava aferir se os alunos tinham dominado habilidades de elaboração de projetos e apresentação de propostas. A nota de engajamento buscava medir se os alunos tinham conseguido se integrar com a turma e demonstrado alcançar os objetivos específicos de cada atividade. A nota de relato de aprendizagem buscava detectar se os alunos demonstravam capacidade de reflexão sobre a temática do curso e seu próprio aprendizado.

O produto final foi avaliado por dois instrumentos principais: observação dos resultados e anotações dos parceiros com notas para os grupos. Se os grupos apresentassem respostas refletidas a todas as perguntas formuladas no roteiro de elaboração do projeto (Quadro 2), eles obtinham a nota máxima, que poderia ser diminuída conforme a avaliação dos parceiros ou a qualidade da apresentação e a postura dos membros do grupo durante o diálogo com a banca.

QUADRO 2 – Roteiro para elaboração do projeto entregue à turma na imersão Agenda 2030

Roteiro para elaboração do projeto

1. Definição de tendência e problema: Qual é o problema a ser enfrentado?
Qual o problema de 2030 vocês elegeram? Escreva na forma de uma pergunta e justifique.
Facilitador(a):

2. Descobrir: Em que cenário este problema está inserido?
Como o problema afeta o contexto em 2030?
Mapeie o cenário e busque experiências bem-sucedidas para lidar com esse problema ou problema semelhante. Traga dados, projeções, relatórios, etc. Reflita sobre as principais questões éticas e jurídicas envolvidas no problema. Analise as dimensões pessoal, comunitária e global.
Facilitador(a):

3. Sonhar: Como seria o mundo com esse problema resolvido?
O que mudaria do mapeamento inicial? Quais questões seriam solucionadas? Como a solução do problema afetaria as dimensões pessoal, global e comunitária?
Facilitador(a):

4. Design: Qual seria uma possível solução para esse problema?
Quais soluções seriam necessárias para resolver o problema proposto? Escolher uma e justificar. Como a solução escolhida nos ajudará a atingir o modelo ideal para o mundo imaginado pelo grupo?
Facilitador(a):

5. Encaminhar: Como colocá-las em prática?
Enumerar as ações necessárias para colocar a solução em prática. Quem deverá ser acionado? Quais são os aliados para isso?
Facilitador(a):

O engajamento no curso foi avaliado por meio de um instrumento: observação do engajamento dos alunos nas atividades. Como a turma como um todo demonstrou entusiasmo nas dinâmicas, todos os alunos participaram dos debates ao menos uma vez durante o curso e as reflexões ao longo dele foram pertinentes aos temas discutidos, resolvemos que a classe toda receberia nota máxima de engajamento. Nesse item, é importante frisar a diferença entre engajamento – uma nota que diz respeito ao quanto os alunos estavam envolvidos no processo de aprendizagem e, portanto, dispostos a atingir os objetivos – e participação – uma nota que diz respeito, geralmente, à quantidade e à qualidade das intervenções dos alunos nas atividades.

O relato de aprendizagem também foi avaliado por meio de um instrumento: a entrega de um trabalho escrito. Na semana seguinte ao curso, os alunos entregaram um relato sobre o que aprenderam ao longo dele. Para nossa surpresa, uma das alunas enviou um vídeo contando sua percepção da disciplina e seu crescimento, o que nos fez considerar incluir essa possibilidade de relato nas próximas edições.

Os trabalhos foram avaliados de acordo com a qualidade da reflexão apresentada. Consideramos que uma boa reflexão ocorria quando a pessoa indicava episódios concretos da disciplina e, em cima deles, formulava uma opinião sobre o tema, mostrava como o episódio havia contribuído para mudanças ou apresentava uma observação a respeito do desempenho dos colegas, do ambiente ou dos resultados finais.

Ao final do curso, achamos que todos os alunos deveriam receber nota máxima. Por um lado, essa vontade decorria da avaliação de que todos se dedicaram a aprender e demonstraram um crescimento visível ao longo da disciplina. Por outro, ela também resultava de uma dificuldade de utilizar os instrumentos de avaliação que havíamos previsto para o curso. Em consequência, levantamos alguns cuidados a serem observados nos cursos seguintes.

Primeiro, identificamos a necessidade de melhorar a avaliação dos projetos, tanto no processo como no produto. Sentimos falta de um instrumento que nos permitisse dar um retorno sobre a elaboração dos projetos. Um diário de processo, por exemplo, no qual os estudantes poderiam relatar especificamente como foi a produção e como foi a contribuição de cada membro, poderia ter sido uma dessas ferramentas. Também observamos que faltava uma ferramenta para captar melhor

ENSINO JURÍDICO E INOVAÇÃO

a percepção dos parceiros sobre os projetos – em disciplina posterior criamos um formulário para isso. Finalmente, achamos que os alunos deveriam ter mais clareza quanto a que elementos seriam avaliados no produto final, o que poderia ser obtido pela disponibilização de uma matriz de avaliação do produto.

Segundo, identificamos a necessidade de melhorar a avaliação dos relatos de aprendizagem. Percebemos que a ausência de um exemplo de bom relato de aprendizagem causou uma discrepância muito grande entre os produtos entregues pelos alunos. Como os critérios de avaliação dos relatos foram construídos a partir do que lemos, a turma não sabia de antemão como eles seriam avaliados e, portanto, não ficamos confortáveis para diminuir as notas daquelas pessoas que, embora tenham trazido observações pertinentes sobre o curso e seu aprendizado, não tinham sido muito abrangentes ou tinham apontado episódios específicos do curso. Consideramos, por isso, que uma parte importante do uso de relatos de aprendizagem é apresentar aos estudantes o que consideramos ser um bom relato, de acordo com as características mencionadas anteriormente.

Terceiro, identificamos a necessidade de ferramentas que nos pudessem auxiliar e auxiliar os alunos a perceberem como eles chegaram e como saíram do curso. Sentimos que os relatos não traziam uma percepção tão concreta do que eles não eram capazes de fazer antes e passaram a ser com a disciplina. Observações desse tipo ficaram muito restritas à participação, como pode ser visto nos trechos a seguir:

> *Vi pessoas que nunca falam durante as aulas se abrirem de uma maneira sincera, sem medo de serem julgadas ou terem seu lugar de fala interrompido. Eu mesma me impressionei por ter vontade de falar tanto! Não costumo participar nas aulas, a pressão e a vergonha me impedem de compartilhar qualquer opinião, mas, em um ambiente acolhedor como esse, todas as angústias vão embora e eu, assim como todos, me sinto com vontade de participar, não me sinto obrigada.* (Relato 1, Agenda 2030)

> *Como relato pessoal, posso dizer que a minha participação na disciplina foi intensa, tanto quanto ao posicionamento nas discussões como quanto ao empenho em relação ao trabalho final. E isso se deu por conta da metodologia; não sou uma aluna participativa nas aulas cotidianas do curso de Direito da FGV, no entanto, me senti plenamente à vontade para me expor em frente a pessoas que tinha acabado de conhecer.* (Relato 10, Agenda 2030)

6. A EXPERIÊNCIA NA FGV DIREITO SP: DISCIPLINAS DE IMERSÃO

Com esse debate eu percebi o quanto o ambiente criado ao longo desses dias era acolhedor e reconfortante. Eu não só fui capaz de expor minha opinião, como coloquei algo na minha fala que era muito pessoal e não me senti julgada, nem levada a mal. O debate foi super-respeitoso e eu fui capaz de mudar meu pensamento em relação a algumas colocações e embasar algumas outras percepções. Acho que foi nesse momento que eu entendi que o trabalho dispendido pela organização em criar um ambiente acolhedor que propiciasse a troca tinha sido brilhante. (Relato 16, Agenda 2030)

É importante ponderar, entretanto, o quanto essa abertura no processo de avaliação também contribuiu para que os estudantes se sentissem à vontade para participar e se engajar nas atividades. Alguns alunos relataram a importância de não se sentirem julgados como um elemento importante para a manutenção de um ambiente acolhedor e saudável à participação. Isso mostra o quanto é necessário alcançar um equilíbrio entre o caráter coercitivo da avaliação por nota, a relevância pedagógica de dar *feedbacks* e o conforto de um ambiente livre de julgamentos e controle.

> O relato da avaliação mostra a complexidade da tarefa de avaliar no ensino participativo. Sobre isso, algumas dicas:
>
> - É importante lembrar que atribuir nota não é a mesma coisa que dar retorno de desempenho (*feedback*). A nota é uma forma possível de se dar esse retorno, mas também existem outras possibilidades, inclusive por meio de conversa individual ou coletiva.
> - Os instrumentos de avaliação devem ser adequados para aferir se os estudantes conseguiram atingir os objetivos propostos para a disciplina. Assim, por exemplo, se um dos objetivos é que os alunos sejam capazes de se integrar e interagir com pessoas que não conhecem, a observação da turma pode ser uma ferramenta para identificar se os alunos ficam em "panelinhas", se se referem por seus nomes ou se conversam com pessoas que não conheciam antes do curso (com a possibilidade de nota de participação).
> - A avaliação se torna mais rica quanto mais instrumentos são escolhidos. Isso possibilita que diferentes dimensões do curso sejam avaliadas. Assim, é desejável combinar um retorno sobre o produto, com uma avaliação do processo. Tudo isso pode ser feito por meio de avaliação pelo docente, pelos colegas (avaliação por pares) ou pelos próprios alunos (autoavaliação). Novamente, não é necessário que cada uma

> dessas dimensões resulte em atribuição de nota, mas contemplar esses instrumentos na composição da nota final pode mostrar para os alunos que eles só serão considerados aprovados se demonstrarem sucesso por meio dessas diferentes ferramentas.
>
> - Para facilitar a avaliação no ensino participativo, o professor pode se valer de diferentes instrumentos, desde relatórios a serem preenchidos durante as aulas até formulários preenchidos pelos avaliadores. Também pode ser benéfico dar aos alunos a possibilidade de realizar as tarefas por diferentes meios de comunicação, inclusive por vídeo.

6.2. A disciplina Desafio Finch

Na imersão Desafio Finch, realizada entre os dias 24 e 28 de setembro de 2018, o enfoque foi diferente do da imersão anterior, pois os projetos realizado pelos alunos voltaram-se para um contexto específico: a empresa Finch Soluções. Os participantes – vinte e três alunos de segundo e terceiro anos da graduação em Direito e dois alunos da Administração de Empresas – foram instigados a realizar projetos para solucionar desafios vivenciados pelo CEO da Finch Soluções, Renato Mandaliti. A Finch é uma empresa voltada ao desenvolvimento de soluções tecnológicas para o mercado jurídico, criada em 2013 com o objetivo de aumentar o rendimento e a eficiência das atividades do escritório de advocacia JBM Advogados, especializado em contencioso de massa.

A imersão foi dividida em duas partes: nos dois primeiros dias da imersão, os alunos e alunas tiveram 4 encontros presenciais de 3 horas, nos períodos da manhã (9h-12h) e da tarde (13h-16h), na FGV DIREITO SP. No restante da semana, passaram três dias imersos na empresa Finch e nos escritórios JBM Advogados e Mandaliti Advogados, todos situados em Bauru, conversando com diferentes profissionais sobre os desafios indicados. Ao final da imersão, apresentaram propostas de soluções para os desafios e receberam *feedbacks* a respeito da viabilidade e da qualidade de seus projetos.

a. A concepção da disciplina: seleção do parceiro, escolha dos desafios e elaboração do programa

A imersão começou a ser pensada no início do 2º semestre de 2018, a partir da avaliação realizada pelos alunos e pela equipe sobre a imersão

6. A EXPERIÊNCIA NA FGV DIREITO SP: DISCIPLINAS DE IMERSÃO

anterior. A equipe montada para pensar a disciplina foi composta pela professora Marina Feferbaum (responsável), pelo professor Alexandre Pacheco (responsável) e pelos pesquisadores Clio Radomysler e Theófilo Aquino.

Na imersão Agenda 2030, a relação com os parceiros foi bastante pontual, por meio da participação em momentos específicos do curso. Realizamos apenas uma visita externa. Nessa segunda edição, escolhemos como proposta pedagógica que os alunos pudessem realizar um mergulho mais profundo na realidade de um parceiro específico e que elaborassem projetos direcionados para ele. Assim, poderiam ser introduzidos a novos modelos de negócio em potencial no mundo jurídico e desenvolver diferentes habilidades, como realizar um diagnóstico organizacional, construir uma relação de confiança com um cliente e criar propostas de solução para desafios reais e concretos. Além disso, queríamos refletir sobre mudanças na profissão jurídica e dialogar com os alunos sobre seus próprios projetos profissionais.

Nessa edição, portanto, tivemos três principais motivações para a construção do programa: (i) proporcionar a vivência dos alunos de maneira imersiva em uma organização parceira com atuação relevante na área do direito e da tecnologia; (ii) facilitar a construção de projetos pelos estudantes a partir de desafios específicos e voltados para a realidade prática do parceiro; e (iii) possibilitar, além de uma nova percepção sobre o impacto da tecnologia na profissão jurídica e novos modelos de negócio na área, um espaço de reflexão a respeito da própria carreira dos alunos.

O primeiro passo para a elaboração dessa imersão foi a definição do parceiro. A escolha da empresa Finch Soluções foi realizada tendo em vista diferentes aspectos. Em primeiro lugar, gostaríamos que os alunos compreendessem as tendências de mudança na profissão do Direito, e por isso queríamos um parceiro que estivesse preocupado com a inovação em sua organização e atento para esse debate. Além disso, era importante um parceiro com quem tivéssemos um bom diálogo e que respeitasse nossa autonomia para realizar as escolhas pedagógicas do curso. Por fim, levou-se em conta a disponibilidade de tempo e recursos, além do interesse em compartilhar desafios com os alunos e receber as propostas de solução.

ENSINO JURÍDICO E INOVAÇÃO

> Ressaltamos os seguintes pontos que foram relevantes na seleção de um parceiro:
> - Adequação com os objetivos do curso.
> - Interesse e disponibilidade.
> - Alinhamento de expectativas.
> - Autonomia para realizar as escolhas pedagógicas.
> - Recursos para a viabilidade da imersão.

Após a escolha da Finch Soluções como parceira da imersão, era importante definir quais seriam os desafios propostos aos alunos. Os desafios teriam que ser relevantes para a empresa e possíveis de serem avaliados pelos alunos em um curto período. Além disso, era fundamental que os desafios trabalhassem questões alinhadas com a proposta da imersão, o que foi garantido por meio de conversas com o parceiro sobre nossa metodologia de ensino e nossos objetivos com o curso. Renato Mandaliti, CEO da Finch, apresentou três desafios, elaborando um pequeno texto para explicar cada um deles. Os desafios abordavam questões relacionadas à administração da Finch e dos escritórios de advocacia da família Mandaliti, o JBM Advogados e o Mandaliti Advogados.

> A definição dos desafios teve os seguintes critérios:
> - Delimitação de problemas claros e específicos.
> - Relevância para o parceiro.
> - Coerência com os objetivos de ensino do curso.
> - Possibilidades de serem trabalhados pelos alunos em um breve período de tempo.

Passamos, então, para a elaboração do programa e a delimitação dos objetivos específicos do curso. O programa foi elaborado tendo em vista as habilidades que os alunos teriam que desenvolver para solucionar os desafios propostos pela empresa Finch e as reflexões que considerávamos importantes sobre o futuro da profissão jurídica.

Dividimos a disciplina em duas partes: dois dias na FGV DIREITO SP e três dias em Bauru, visitando a Finch, o JBM e o Mandaliti Advogados. Em relação à primeira parte, os principais objetivos foram: (i) integração; (ii) sensibilização sobre o tema do impacto da tecnologia na profissão

6. A EXPERIÊNCIA NA FGV DIREITO SP: DISCIPLINAS DE IMERSÃO

jurídica; (iii) reflexão sobre o próprio futuro profissional dos alunos; (iv) apresentação dos desafios e divisão dos grupos; e (v) desenvolvimento de habilidades relevantes para a construção dos projetos finais.

A segunda parte da imersão foi elaborada com o parceiro. No primeiro dia, o principal objetivo era que os alunos conhecessem a história da empresa e a trajetória profissional dos seus sócios fundadores. No segundo dia, que pudessem visitar diferentes setores e conversar com representantes de diversas áreas a respeito dos desafios propostos. Além disso, era importante que os alunos começassem o desenvolvimento das propostas. O último dia foi composto pela finalização e pela apresentação dos projetos, com o *feedback* dos integrantes da empresa.

A ideia era que cada dia representasse um olhar para um período específico da Finch: começando pelo passado, depois para o presente e, por fim, para o futuro, com a perspectiva de implementação dos projetos realizados pelos alunos.

Assim como na imersão anterior, o sucesso do curso seria atestado não somente pela qualidade e pela adequação das propostas apresentadas, mas também por todo o processo de elaboração delas. Para nós, era importante que os alunos conseguissem (i) escutar e dialogar com as pessoas envolvidas nos desafios colocados, levantando diferentes percepções e construindo uma boa relação com o parceiro; (ii) observar diversos aspectos de modelos de negócios; (iii) trabalhar bem em equipe, gerenciando tarefas e o processo criativo em um tempo curto; e (iv) apresentar suas propostas de maneira clara e argumentar sobre as escolhas realizadas a partir dos comentários do parceiro.

> Destacamos os seguintes pontos sobre a concepção dessa imersão:
> - A oportunidade de vivenciar de perto dificuldades para administrar e expandir modelos de negócios na área jurídica.
> - A possibilidade de criar soluções para desafios propostos por um CEO de uma empresa inovadora no mercado jurídico e o contato próximo com os profissionais da empresa.
> - A intenção de refletir sobre mudanças na carreira jurídica advindas da tecnologia e sobre as próprias escolhas profissionais dos estudantes.
> - O objetivo de desenvolver habilidades relevantes para o profissional do Direito no futuro, como gestão, escuta, colaboração e criatividade.

b. A primeira parte da disciplina em detalhes: integração, sensibilização e o desenvolvimento de novas habilidades

A seguir, contamos o que aconteceu nos primeiros dois dias do curso na FGV DIREITO SP. Você pode conferir com mais detalhes as notas de ensino das atividades no Anexo 3.

Utilizamos a disposição da sala em círculo e começamos com o seguinte *check-in*: cada um tinha que dizer seu nome e uma expectativa com relação à imersão. Apresentamos brevemente todos os integrantes da equipe, os objetivos gerais do curso e o plano do dia. Preferimos exibir o programa em detalhes apenas após um primeiro momento de integração e sensibilização sobre a importância dos objetivos do curso.

Achamos relevante avisar os alunos logo no início que a metodologia de ensino adotada seria diferente da tradicional e explicar os motivos pelos quais escolhemos utilizar métodos como aprendizagem baseada em projetos e aprendizagem pela experiência. Essa fala inicial é importante porque muitos alunos inicialmente se sentem desconfortáveis com a roda e com as dinâmicas. Aos poucos eles vão se adaptando e compreendendo a relevância das atividades.

Cabe mencionar que muitos alunos se sentem confortáveis com as atividades em sala de aula desde o início, como mostra o seguinte relato:

> *Uma frase muito dita na imersão, a qual compartilho totalmente, é de que a proposta e a execução da disciplina foram surpreendentes e acabaram superando todas as expectativas. Quando li a ementa e vi que iríamos para uma empresa, imaginei que os dois dias de preparação seriam supermaçantes e técnicos. Ao chegar na segunda-feira, ter a primeira dinâmica e ver que podíamos expor nosso pensamento, nossos "achismos" e dúvidas de uma forma leve e sem "pré-julgamentos", senti-me muito acolhida e à vontade para aproveitar da imersão. Acho que o principal fator para tudo isso foram as dinâmicas, que desde o começo foram "quebrando o gelo" e nos aproximando e, claro, sempre com um motivo atrás. (Relato 21, Disciplina Desafio Finch)*

Assim que terminamos a breve apresentação dos objetivos do curso e da metodologia de ensino, realizamos uma dinâmica que denominamos de "linha do tempo da tecnologia". O principal objetivo dessa dinâmica era promover a integração entre os alunos, criar um ambiente confortável e descontraído, além de refletir sobre o conceito de inovação, sobre a diferença entre inovação e tecnologia, e sobre o impacto da tecnologia em nossas vidas.

Cada participante ganhou um papel com uma tecnologia para colar na testa da pessoa ao lado sem ela ver (ex.: Uber, impressora, *pen drive*, ar-condicionado, iFood). O desafio de cada aluno era acertar qual tecnologia estava colada em sua testa, andando pela sala e fazendo somente perguntas com respostas de "sim" e "não" para os outros. Toda vez que um aluno recebia uma resposta "não", não podia fazer mais perguntas àquela pessoa, tendo que encontrar outra para fazer mais perguntas.

Terminado o tempo, todos tinham que voltar ao seu lugar na roda (mesmo quem não conseguiu acertar qual era a tecnologia em sua testa). Os alunos foram convidados a ler individualmente o papel em sua testa: de um lado estava a imagem da tecnologia com uma legenda e do outro, o ano em que foi criada. O próximo desafio da dinâmica era contar uma história pessoal que ocorreu no ano indicado no papel para que os outros tentassem adivinhar quando foi criada a tecnologia.

Ao final, realizamos um debate sobre as principais percepções dos alunos com a dinâmica. Através dos relatos de aprendizagem, foi possível perceber que cumprimos com os objetivos esperados. Sobre o objetivo de integração, um aluno escreveu:

> *A semana de imersão representa um momento que vai além de mergulhar em um conteúdo específico intensamente durante um período predeterminado de tempo. O sentimento mais forte para mim é a incrível conexão que é criada entre as pessoas. A organização em círculo é o primeiro choque positivo nesse sentido. As dinâmicas de integração, como o desafio do "Quem sou eu?" com tecnologias, facilitou o primeiro contato com os colegas. Posteriormente, a proposta de compartilhar uma experiência pessoal no ano em que a "sua" tecnologia foi criada criou desde logo um laço entre os participantes. (Relato 1, Disciplina Desafio Finch)*

Sobre o objetivo de promover uma reflexão relacionada ao conceito de inovação e ao impacto da tecnologia, outro aluno comentou:

> *Primeiramente, com a primeira dinâmica do curso, ao colarmos em nós mesmos cartelas com uma representação das mais diversas tecnologias, fomos capazes não apenas de começar o longo processo de integração no grupo, mas também de nos*

ENSINO JURÍDICO E INOVAÇÃO

*surpreendermos com a data de criação de várias das inovações apresentadas. Muitos foram os casos em que nos espantamos com o quão antigos são determinados aplicativos (como o WhatsApp de 2009 ou o Facebook de 2004), uma vez que tendemos a associar o **marco de criação** de um app com seu **marco de popularização**. Desse modo, a dinâmica suscitou uma interessante discussão sobre a ideia de "**caminho de desenvolvimento**". Neste debate pudemos analisar o quanto que as ideias inovadoras de fato não surgiram do nada para no dia seguinte serem dotadas de ampla popularidade. De fato, o longo percurso de estudos e investimentos (incluindo até mesmo radicais mudanças de modelos de negócios como no caso da Netflix) é elemento essencial para o desenvolvimento de grandes projetos.* (Relato 10, Disciplina Desafio Finch)

Após a dinâmica da linha do tempo, realizamos, assim como na imersão anterior, um pequeno *quiz* elaborado no aplicativo Kahoot!. Dessa vez a proposta de "mito ou verdade" trazia afirmações sobre mudanças na profissão jurídica advindas da inserção de tecnologia. Exemplos de frases utilizadas foram "Máquinas já conseguem redigir petições iniciais inteiras sozinhas em apenas dez minutos" ou "Engenheiros estão sendo contratados para realizar funções que eram desempenhadas por advogados". Seu objetivo era fomentar a atenção dos estudantes para o grau de avanço tecnológico existente na carreira e as principais tendências de mudança.

> Você pode encontrar o Kahoot! no *link*: https://bit.ly/3bKUJ8v

A atividade foi acompanhada por um momento de reflexão no qual os participantes discutiram as implicações desses avanços tecnológicos. Após essa reflexão, apresentamos e debatemos os principais resultados da pesquisa "Tecnologia, profissões e ensino jurídico", realizada pelo CEPI da FGV DIREITO SP, que entrevistou 403 escritórios de advocacia de 26 estados, com perguntas sobre o uso da tecnologia e a formação dos profissionais da área.

6. A EXPERIÊNCIA NA FGV DIREITO SP: DISCIPLINAS DE IMERSÃO

> Três principais achados da pesquisa:
> - A absorção tecnológica é mais intensa em escritórios de grande porte do que em escritórios de pequeno porte.
> - Escala, custos de aprendizagem e capacidade de investimento são fatores que influenciam a absorção tecnológica, servindo de explicação para o fenômeno.
> - Diferentemente de nossa percepção inicial de maior pulverização no mercado jurídico, nossos dados apontam para uma tendência de concentração em determinados nichos do mercado jurídico.
>
> Os relatórios da pesquisa realizada pelo CEPI estão disponíveis nos seguintes *links*:
> - Pesquisa quantitativa – https://bit.ly/2z9Bkkf
> - Pesquisa qualitativa – https://bit.ly/2z85g00

Acreditamos que a discussão tenha sensibilizado os estudantes para os possíveis efeitos que a tecnologia pode gerar na profissão e na estrutura organizacional de escritórios, empresas e serviços públicos na área jurídica. Um aluno realizou o seguinte comentário em seu relato:

> *Outra dinâmica que me marcou foi o jogo no qual deveríamos identificar se determinada informação sobre o uso de tecnologia era verídica ou não, na qual erramos diversas vezes, simplesmente por subestimar o poder da tecnologia e seu uso no cenário atual.* (Relato 14, Disciplina Desafio Finch)

Na última atividade do período da manhã, o objetivo era que os alunos observassem diferentes aspectos de um modelo de negócio de um escritório de advocacia. A ideia era que pudessem criar modelos inovadores na área do Direito. Separamos cinco imagens de escritórios em cantos diferentes da sala. Os alunos foram convidados a ir livremente para a imagem com que se identificassem mais para que pudéssemos formar cinco grupos diferentes. O desafio era definir os seguintes elementos de um escritório de advocacia considerado inovador por eles: nome, conceito, áreas, estrutura hierárquica e sustentabilidade financeira.

ENSINO JURÍDICO E INOVAÇÃO

Após 20 minutos de preparação, houve uma apresentação dos escritórios pelos alunos em formato de *pitch* e um debate coletivo sobre as percepções de todos. A proposta era que os grupos elaborassem uma apresentação de maneira criativa, com o objetivo de promover seu escritório no mercado e mostrar seu caráter inovador.

Conforme os relatos de aprendizagem, foi uma dinâmica que os alunos consideraram muito significativa. Eles perceberam que concordavam em muitos aspectos sobre como escritórios inovadores deveriam ser e criaram novos parâmetros para observar e avaliar organizações.

> *Outra dinâmica muito marcante para mim também foi a da criação dos escritórios. Nesta atividade nossa criatividade, e diria até mesmo nossos sonhos, puderam tomar forma ao imaginar o escritório de direito dos sonhos. Ao final, embora alguns grupos inovassem em alguns pontos e outros grupos em outros, algumas características foram unanimamente propostas, como: a reflexão sobre a rígida hierarquia entre empregados e o longo e demorado plano de carreira dentro de uma empresa, a forma de divisão de lucros, a estrutura física setorizada por cargo e a falta de diversidade de perfis no tocante ao recrutamento de novos colaboradores. Acredito que sugestões de modelos muito interessantes foram apresentadas e foi uma ótima oportunidade para abrirmos a nossa mente quanto ao lugar que almejaremos trabalhar. Talvez isso tenha até maximizado o susto que tomamos ao visitar a JBM, porque em um dia estávamos pensando no trabalho dos sonhos, e no outro visualizamos algo totalmente longínquo para alguém na carreira do Direito – foi uma quebra de expectativa total. (Relato 21, Disciplina Desafio Finch)*

Vários alunos mencionaram também como aprenderam uns com os outros durante a dinâmica, conforme ilustra o seguinte relato:

> *O mais marcante para mim desse dia foi pensar em como nós, em grande parte graduandos de Direito, pensamos o escritório ideal. Nesse momento eu pude aprender muito com os meus colegas do terceiro ano, os quais estruturaram um modelo de retorno econômico no qual eu nunca tinha pensado e, além disso, sentir suas fragilidades, no momento em que procuram por uma vaga de estágio. Duas expressões que me marcaram muito nessa dinâmica foram flexibilidade e qualidade de vida. A singularidade dessa dinâmica vai além do momento de sua execução, conectando-se aos eventos posteriores ocorridos em Bauru. (Relato 1, Disciplina Desafio Finch)*

6. A EXPERIÊNCIA NA FGV DIREITO SP: DISCIPLINAS DE IMERSÃO

Pontos altos do primeiro encontro (segunda de manhã):

- Compartilhamento de histórias pessoais, utilização de um elemento de descontração, como colar um papel na testa, e permissão de que os alunos conversassem uns com os outros de maneira leve para maior integração e para criar um espaço confortável à participação em sala de aula.
- Relação de uma dinâmica de integração com uma reflexão profunda sobre conceitos importantes para o curso.
- Priorização da integração e da sensibilização sobre o tema antes de apresentar o programa do curso como uma boa prática para promover o engajamento dos alunos.
- Realização de um trabalho de cocriação em grupos sobre modelo de negócios ideais pelos alunos, direcionando a análise para diferentes aspectos de uma empresa ou escritório na área jurídica.

Para engajar os alunos após o almoço, tínhamos como objetivo realizar uma dinâmica leve e divertida sobre a importância de vivenciar um modelo de negócio de perto para compreender suas dificuldades e potencialidades. A ideia era sensibilizá-los sobre a importância de ir para Bauru, conhecer a empresa Finch Soluções e os escritórios JBM e Mandaliti durante três dias. Aproveitamos para também refletirmos juntos a respeito do ensino do Direito e seu papel na formação dos profissionais da área jurídica.

Entregamos para cada estudante uma imagem com um "meme expectativa/realidade". Eles tinham que encontrar quem recebeu a mesma imagem apenas com mímica. Essa foi uma dinâmica de descontração e para a divisão dos grupos. Cada grupo foi então convidado a fazer um meme expectativa/realidade sobre a vida deles na FGV. Em seguida, cada grupo apresentou seu meme e fizemos uma votação individual por meio de um formulário do Google para selecionar o meme preferido da turma. A única regra era que os alunos não podiam votar no próprio grupo.

Após a indicação do meme vencedor, realizamos uma conversa sobre o ensino do Direito na FGV e como eles compreendiam a cultura organizacional da faculdade. Além disso, debatemos sobre as diferenças entre o que esperavam da faculdade e o que vivenciaram como estu-

ENSINO JURÍDICO E INOVAÇÃO

dantes, e como suas percepções foram mudando ao longo dos anos da graduação.

Utilizar uma linguagem bastante jovem, tecnológica e criativa como a dos memes para tratar de um tema sensível e muito ligado ao dia a dia dos alunos contribuiu bastante para o engajamento de todos e para atingir os objetivos que pretendíamos. Conforme relato de um aluno, esse foi um momento de diálogo importante no curso:

> Ainda no primeiro dia, a dinâmica "Expectativa x Realidade" também pode ser diretamente relacionada com as conclusões expressadas anteriormente. A expectativa referente ao ambiente que visitaríamos estava em total dissonância com o que de fato foi apresentado. No entanto, o que mais me agregou nesta dinâmica foi a conversa pós-atividade. Quando os alunos utilizaram o espaço do diálogo para desabafar sobre suas insatisfações quanto ao curso, percebi que, embora as graduações sejam completamente diferentes, as demandas da Eaesp e da Edesp eram extremamente similares. Sinto que pude me aproximar mais da classe ao me identificar com os problemas expressados por eles e me impressionei com a forma honesta com que os alunos demonstravam sua insatisfação. (Relato 16, Disciplina Desafio Finch)

O dia continuou durante a tarde com mais dois objetivos centrais: refletir sobre as competências e habilidades importantes para os profissionais do Direito e sobre quais habilidades cada aluno gostaria de desenvolver mais.

Realizamos uma atividade de *role-play* com os alunos. Apresentamos a história de um escritório de advocacia que queria contratar um profissional qualificado e alinhado com sua cultura de inovação. Cada grupo de alunos corresponderia a um candidato a essa vaga, elaborando um minicurrículo próprio e realizando uma entrevista com os sócios, representados pelos professores Marina e Alexandre.

Cada grupo escolheu um integrante para ser entrevistado. Todos ficaram observando as entrevistas, que continham um grau de improviso tanto para o aluno entrevistado quanto para os professores que estavam realizando a entrevista. É importante mencionar que há um risco nessa dinâmica de desengajamento dos demais alunos ou de certo constrangimento pelo aluno entrevistado. É preciso estar atento a isso durante sua aplicação.

6. A EXPERIÊNCIA NA FGV DIREITO SP: DISCIPLINAS DE IMERSÃO

Após as entrevistas, ouvimos as principais impressões dos alunos sobre as competências e experiências profissionais indicadas como relevantes, e também sobre questões de desigualdades e discriminações na carreira. Muitos dos alunos estavam começando a fazer entrevistas para estágio e compartilharam experiências pessoais durante os debates.

Uma aluna comentou que ficou frustrada com a forma como a turma representou seus candidatos:

> *Para completar as atividades que mais me marcaram no dia, vou te contar sobre o desafio de montarmos um perfil de advogado para assumir a empresa da Marina e do Alexandre, dois dos professores. Achei interessante, mas confesso que fiquei um pouco frustrada. Todos pensaram em uma pessoa com uma ótima formação em Direito, depois um curso de aprofundamento no exterior, uma boa trajetória de empregos, sempre baseada em bons escritórios, e por aí vai. Me espantou como pensamos de forma homogênea e como todos temos um perfil quadrado do advogado bem-sucedido. Acredito que esse é um ponto no qual devo trabalhar e me esforçar, procurando sempre abrir a minha cabeça e pensar mais fora da "caixa". (Relato 7, Disciplina Desafio Finch)*

Para finalizar o dia e promover mais um momento de autoconhecimento e reflexão junto aos alunos, realizamos uma atividade que chamamos de "mapa das competências".

Em um papel *craft* desenhamos um grande asterisco com nove linhas. Escrevemos ao lado de cada linha uma habilidade que considerávamos fundamental para desenvolver durante a disciplina e para os profissionais do Direito no futuro. Deixamos duas linhas livres para que os alunos sugerissem mais duas habilidades que considerassem relevantes. As habilidades que escrevemos foram: comunicação, colaboração, criatividade, consciência de si, consciência crítica, cultura digital e cidadania. Pelos alunos foram acrescentadas as habilidades de flexibilidade/adaptação e capacidade de soluções de problemas complexos.

Pedimos para que cada aluno colocasse um ponto em cada linha do asterisco, representando o grau de desenvolvimento da habilidade indicada. Se o aluno considerasse que tinha a habilidade já muito desenvolvida, ele colocaria um ponto em algum lugar da linha bem longe do centro do asterisco. Do contrário, o ponto deveria ser colocado mais próximo ao centro. Ao final, cada aluno deveria ligar seus pontos. Dessa

ENSINO JURÍDICO E INOVAÇÃO

maneira, poderíamos visualizar os mapas individuais e, ao mesmo tempo, a composição de todos os mapas dos alunos.

Interessantes reflexões surgiram a partir dessa atividade. Percebemos que muitos se sentiam mais confortáveis com a comunicação. Em contrapartida, a criatividade era uma habilidade que a maior parte dos alunos não se sentia apta a desenvolver. Discutimos sobre aspectos da formação que contribuem para o resultado do mapa. Essa atividade foi importante para os alunos se sensibilizarem a respeito da relevância dos objetivos do curso e tivessem um parâmetro de comparação do início ao final da imersão.

Em um relato de aprendizagem, uma aluna indicou que essa dinâmica foi uma boa forma de relacionar as atividades anteriores, e também uma visão externa sobre competências/habilidades de profissionais do Direito a uma visão mais interna:

> *Ainda nesse mesmo dia, ocorreu a dinâmica de montar um funcionário ideal para um escritório procurando a inovação sem abandonar suas raízes. Também foi interessante pensar junto com o grupo quem seria essa pessoa. Em alguns momentos as opiniões divergiram. Ademais, eu fui a designada para fazer a entrevista. Foi interessante perceber como a pressão de várias pessoas observando você contar uma história mentirosa altera a dinâmica e os sentimentos normais de uma entrevista comum. A última dinâmica de desenhar um mapa de personalidade foi uma ponte entre dois cenários para mim, uma vez que, na minha percepção, enquanto o primeiro dia foi um momento de conectar-se com os outros, o segundo foi um momento de introspecção.* (Relato 1, Disciplina Desafio Finch)

Pontos altos do segundo encontro (segunda à tarde):
- Utilização da linguagem de "memes" para promover o engajamento e a criatividade.
- Realização de atividade diretamente relacionadas com o dia a dia dos alunos, como a experiência na FGV, a elaboração de currículo e a realização de entrevistas de emprego.
- Utilização de *role-play*, desenvolvendo comunicação e jogo de cintura.
- Dinâmica em que cada aluno teve que refletir sobre suas próprias competências/habilidades e quais queria desenvolver no futuro.
- Relação da atividade da manhã (criação de um modelo de negócio inovador) com a atividade da tarde (definição de um perfil de advogado para o modelo de negócio criado).

6. A EXPERIÊNCIA NA FGV DIREITO SP: DISCIPLINAS DE IMERSÃO

No segundo dia, os principais objetivos eram que os alunos fossem capazes de: (i) continuar a integração com os colegas; (ii) desenvolver a escuta ativa, a colaboração e a formulação de boas perguntas para resolver problemas complexos; (iii) identificar dilemas relevantes relacionados ao desenvolvimento pessoal e profissional em uma sociedade tecnológica; (iv) refletir sobre os próprios projetos de futuro; e (V) estabelecer combinados para a viagem e para o trabalho em grupo.

Novamente, a sala de aula estava organizada em formato de círculo. A primeira atividade foi uma dinâmica de integração com o objetivo de continuar a reflexão sobre habilidades relevantes para o profissional do Direito a partir da inserção de tecnologia, como curar conteúdo, fazer boas perguntas, e coletar e analisar dados.

A inspiração para essa dinâmica foi a tecnologia dos *chatbots*, em que um robô é programado para formular e responder a perguntas de clientes ou usuários de algum serviço ou empresa. O nome que demos para essa atividade é "Eu, bot".

Cada estudante recebeu um *post-it*, sendo convidado a escrever nele uma pergunta relacionada a algo que gostaria de saber sobre as pessoas do grupo, com a única regra de que não poderia ser uma pergunta de "sim ou não" (ex.: Qual é sua comida preferida? O que você gosta de fazer no tempo livre? Onde você mora?).

Todos tiveram que circular pela sala, respondendo às perguntas nas costas dos outros e anotando as respostas que receberem. O desafio era, a partir das respostas recebidas, conseguir acertar a pergunta formulada em suas costas. Ao final, todos voltaram para a roda e verificaram se acertaram ou não a pergunta, contando para os demais as respostas que receberam e quais foram as estratégias para descobrir qual era a pergunta. Em seguida, conversamos sobre quais habilidades foram necessárias para realizar essa dinâmica e se elas são relevantes para o profissional do Direito. As principais habilidades identificadas foram: coletar e analisar as informações recebidas, entender o contexto e o perfil das pessoas do grupo, formular perguntas claras, interpretar respostas, entre outras.

Após essa dinâmica, fizemos a atividade "Teia de barbante sobre 2030". O objetivo era compartilhar nossas percepções sobre as tendências de mudança no futuro e refletir a respeito de como estamos todos interligados e afetados por essas transformações. A dinâmica começou

ENSINO JURÍDICO E INOVAÇÃO

com uma pessoa segurando um rolo de barbante e dizendo algo que ela imaginava que iria acontecer em 2030. Quem pensou em algo parecido e quisesse ser o próximo a falar deveria levantar a mão. A pessoa que iniciou a atividade deveria segurar uma ponta do barbante e passar o rolo a alguém com a mão levantada, a próxima a contar o que imaginava para 2030. A dinâmica seguiu até todos tivessem contando algo que imaginavam para o futuro, formando uma grande teia interligando os participantes. Ao final, discutimos sobre nossa interconexão e nosso protagonismo para criar o futuro e os cenários otimistas ou pessimistas que imaginávamos.

Nas palavras de um aluno, essa foi uma dinâmica muito marcante:

> No segundo dia, de maneira geral, ao meu ver, foi um dia voltado para aprendermos a compreender e perceber "o outro". Todas as dinâmicas do dia tiveram como mensagem: o compartilhamento de impressões, escuta e averiguação das expectativas dos pares e trabalho em grupo. A primeira dinâmica, além de trazer um pouco o funcionamento de um "chatbot", também nos fez prestar atenção nas respostas dos colegas para tentar descobrir qual era a pergunta. A dinâmica do barbante mostrou como compartilhamos de muitos pensamentos, esperanças e até mesmo temores sobre o futuro em relação às novas tecnologias, e de que todas as nossas opiniões formaram uma rede entrelaçada. Achei muito bacana ver a imagem dos barbantes depois de terminadas as previsões para o futuro e pensei que seria possível a nossa geração, ou nós, alunos, pensarmos juntos o futuro da nossa profissão e como podemos usá-la para melhorar a nossa sociedade. (Relato 21, Disciplina Desafio Finch)

Tivemos um pequeno intervalo e seguimos com uma atividade para trabalhar escuta ativa e os projetos profissionais dos alunos. Demos uma folha sulfite para cada aluno e oferecemos várias revistas, cola e tesoura no centro da sala. Todos tinham que realizar uma colagem na folha sulfite que representasse as expectativas para as próprias vidas em 2030. Explicamos que utilizar formas diferentes de expressão, como a colagem, ajudava a ter percepções novas e a desenvolver a criatividade, contribuindo para o autoconhecimento e para a reflexão sobre as mudanças na profissão jurídica, objetivos do curso.

Essa explicação foi especialmente relevante, pois há uma resistência inicial dos alunos com esse tipo de atividade. Muitos associam o exercí-

6. A EXPERIÊNCIA NA FGV DIREITO SP: DISCIPLINAS DE IMERSÃO

cio de realizar uma colagem com uma atividade para um público infantil e não compreendem sua importância. Conforme relato de um aluno:

> *No segundo dia, o que mais me marcou foi elaborar meu 2030. Eu odiava colagem e não via sentido algum em fazer esse tipo de coisa até a Marina explicar que, com estes desafios, nós trabalhamos outras partes do cérebro que não estamos acostumados a trabalhar. Com isso, aceitei a atividade na primeira imersão e mergulhei na atividade na segunda. Agora, meu possível, para não dizer provável, futuro está pendurado no mural do meu quarto, isso mostra o quanto foi prazeroso o exercício.* (Relato 18, Disciplina Desafio Finch)

Após o fim do tempo destinado para as colagens, pedimos aos alunos que se juntassem em trios com pessoas que não conheciam tão bem. Nos trios, cada um teria uma função específica. Um falaria sobre seu projeto de futuro para 2030, outro seria um "consultor", formulando perguntas e realizando comentários, e o terceiro iria observar e anotar tudo.

Ao final, explicamos que é possível classificar as perguntas realizadas pelos "consultores" em três tipos: abertas, de diagnóstico e de confrontação. Apesar de todos os tipos de perguntas terem sua importância, as perguntas abertas, que apenas abrem mais espaço para que a pessoa continue falando e explorando suas dúvidas, são mais efetivas em promover uma escuta ativa. Conversamos sobre outros aspectos, como linguagem corporal, que auxilia a promover a escuta ativa e uma relação de empatia entre a pessoa que está contando sobre seu projeto e aquela que está ouvindo. Também compartilhamos questões semelhantes que apareceram nos projetos de vida dos alunos, relacionadas ou não com mudanças advindas da tecnologia.

Conforme os relatos de aprendizagem, esse foi um dos momentos mais significativos do curso como um todo, principalmente pelo aprendizado com relação à escuta e também por ter dado a oportunidade de refletirem juntos sobre suas expectativas para o futuro. Ao refletir sobre o compartilhamento das colagens, um aluno comentou que essa dinâmica foi fundamental para a integração do grupo:

> *Por mais que tivéssemos pouco tempo de contato uns com os outros, tínhamos muitos objetivos de vida em comum. E essa percepção de padrões, colocada em um âmbito mais pessoal com as colagens, permitiu não só que ficássemos mais próximos, mas também que nos tornássemos mais empáticos. Na minha opinião, essa dinâmica foi defi-*

ENSINO JURÍDICO E INOVAÇÃO

nidora, pois depois dela eu me senti consideravelmente mais integrada ao grupo e mais confortável com a viagem. (Relato 13, Disciplina Desafio Finch)

Conforme o relato dos alunos, o exercício da escuta proporcionou aprendizados relevantes para outros espaços de atuação e para a segunda parte da disciplina:

Atualmente integro a área de Gestão de Pessoas na Consultoria Júnior Pública, e dentre as minhas atividades está o acompanhamento dos membros, no qual devo conversar com determinadas pessoas e entender como elas estão se sentindo em relação à empresa e em relação à própria GV. Na dinâmica nos foram apresentadas algumas tipificações de perguntas e os efeitos que elas podem ter em uma conversa. Logo, dependendo do assunto que desejo abordar no acompanhamento, penso previamente se devo utilizar de perguntas diagnósticas ou abertas, tendo em mente que tipo de insumo quero como resposta. Além disso, também utilizei destes conceitos no momento de conversa com os funcionários das empresas visitadas. Percebi, ao conversar com o Renato Mandaliti, que, caso fossem realizadas apenas perguntas abertas, o conteúdo das respostas seria muito amplo e não necessariamente útil para o desafio da minha equipe [...]. (Relato 24, Disciplina Desafio Finch)

> Pontos altos do terceiro encontro (terça de manhã):
> - Atividade de integração leve e divertida para iniciar o dia.
> - Atividade visual que mostrava a interconexão entre eles por meio de um barbante e indicava a responsabilidade compartilhada na construção de cenários futuros.
> - Utilização de uma forma diferente de expressão, por meio de colagens, para ter novas percepções e desenvolver a criatividade.
> - Realização de atividade que envolvia reflexão, escuta ativa e compartilhamento dos projetos de vida pessoais dos alunos.
> - Desenvolvimento de habilidades relevantes para o projeto do curso e também para a prática profissional dos alunos, como a escuta ativa, o autoconhecimento, a formulação de boas perguntas e a colaboração.

O período da tarde ficou reservado para que os estudantes fossem capazes de: (i) trabalhar em grupo; (ii) refletir sobre as mudanças na profissão jurídica a partir da perspectiva de um convidado, fundador de uma *startup*; (iii) compreender os três desafios propostos pelo CEO da

6. A EXPERIÊNCIA NA FGV DIREITO SP: DISCIPLINAS DE IMERSÃO

Finch e realizar a divisão de grupos para solucionar os desafios; e (iv) refletir sobre *feedback* construtivo e se engajar na avaliação/observação de seus pares.

Como *check-in*, após o almoço, pedimos para que cada aluno contasse uma coisa nova que gostaria de fazer/aprender. Em seguida, realizamos "a dinâmica dos quadrados", que trabalha a habilidade de colaboração.

Nessa dinâmica, os alunos ficam divididos em grupos de cinco pessoas. Cada pessoa do grupo recebe três peças diferentes, e o objetivo é que o grupo consiga montar cinco quadrados iguais. As únicas regras são que eles não podem falar uns com os outros, nem pedir alguma peça explicitamente, apenas dar peças para os outros. Ao final dessa dinâmica, refletimos sobre como foi a comunicação não verbal em cada grupo e as principais dificuldades para trabalhar de maneira colaborativa. A respeito da importância das dinâmicas voltadas para o trabalho em grupo, um aluno comentou:

> *Para além da minha própria evolução pessoal, pude notar que, com o passar dos dias, a integração dos alunos enquanto membros de um grande grupo foi se tornando cada vez maior. As dinâmicas realizadas pela equipe foram de suma importância para uma vez que nos tiravam da nossa zona de conforto (ou até mesmo da nossa própria individualidade) e nos colocavam em um cenário completamente inesperado, em que somente o trabalho em equipe propiciaria a resposta mais adequada para os inúmeros problemas propostos. Desse modo, constantemente era criado um ambiente propício para a troca de ideias, de experiências, de sentimentos e de esperanças. Com tudo isso pude perceber que aos poucos deixávamos de lado as barreiras que nos separavam e adotávamos um gradativo e verdadeiro sentimento de pertencimento à turma "Foco, Força e FINCH".* (Relato 10, Disciplina Desafio Finch)

Após essa atividade, tivemos uma palestra realizada pelo Christiano Xavier, CEO da plataforma Future Law. A Future Law tem como propósito conectar os profissionais do Direito em um espaço de estímulo à inovação, a fim de acelerar a transformação digital e fomentar o desenvolvimento de soluções práticas para diferentes segmentos, principalmente no mercado jurídico.

A palestra foi muito bem recebida pelos alunos. Conforme os relatos, foi importante para eles ouvirem de um convidado externo as tendências de mudanças da profissão jurídica, além de sua própria trajetória

ENSINO JURÍDICO E INOVAÇÃO

profissional. Os alunos tiveram a oportunidade de fazer várias relações com o que já tinha sido discutido nos primeiros dias do curso:

> *Nesse mesmo sentido, também achei muito interessante a palestra com o Christiano Xavier. Sua própria trajetória já refletia justamente este paradigma de mudanças da profissão jurídica, mas além disso o que me chamou atenção de sua fala foi a profundidade na qual ele acredita que a tecnologia virá a mudar o panorama jurídico. Isto também reforçou algumas inquietações que já vinham me perturbando em relação a este novo cenário, especialmente com questões de privacidade. Dessa forma, um dos questionamentos que estes primeiros dias suscitaram foi sobre qual o papel que eu, enquanto eventual jurista, exercerei nesta mudança da profissão e sua aproximação com novas tecnologias, bem como de qual maneira tais tecnologias serão reguladas.*
> (Relato 2, Disciplina Desafio Finch)

Para encerrar o dia e os encontros na FGV, apresentamos os desafios propostos pela Finch Soluções. Fizemos a divisão dos grupos por meio da regra dos pés. A partir do interesse dos alunos, dois grupos ficaram responsáveis pelo desafio relacionado à marca, dois grupos, pelo desafio relacionado à diversificação de negócios e um grupo, pelo contencioso de massa. Delimitamos o número máximo de seis alunos por grupo, para que todos pudessem contribuir e colaborar mais facilmente.

Após essa divisão, fizemos uma conversa sobre combinados para o trabalho em grupo e para a convivência durante a viagem a Bauru. Por fim, a fim de celebrar o encerramento dessa parte do curso e iniciar a próxima fase, assumindo a importância do *feedback* construtivo e do crescimento em conjunto, fizemos uma atividade inspirada na brincadeira "amigo secreto".

Em roda, cada aluno recebeu uma paçoca com o nome de algum integrante do grupo colado em cima. Cada um tinha que oferecer um *feedback* no modelo construtivo para a pessoa indicada na paçoca. Explicamos que dar um *feedback* é como dar um presente a uma pessoa: é algo positivo, pois a ajuda a se desenvolver; deve ser realizado pensando nas características da pessoa, e também deve ser entregue com cuidado e carinho. Para ajudá-los a realizar o *feedback*, pedimos a eles que utilizassem a seguinte frase: "Eu gostei quando você.../eu gostaria de ter visto mais que...".

6. A EXPERIÊNCIA NA FGV DIREITO SP: DISCIPLINAS DE IMERSÃO

Após essa rodada de *feedbacks*, pedimos a cada um que sorteasse um "amigo secreto" para a viagem, isto é, uma pessoa para quem ficariam responsáveis de dar um *feedback* construtivo no último dia.

Nas palavras de um aluno, essa dinâmica permitiu um sentimento de acolhimento para a imersão e trouxe bons aprendizados:

> *Por fim, um dos pontos fortes da imersão foi "olhar" e ser "olhada". A atividade que foi proposta para que nós observássemos com mais atenção um membro específico do grupo foi, na minha opinião, inovadora e me trouxe uma sensação acolhedora, assim como toda a imersão em si. Ademais, saber que tinha alguém prestando atenção em você e realmente te percebendo trouxe uma sensação nova e positiva. Quanto ao espaço de fala e de trabalho em grupo que era proporcionado aos alunos, só tenho elogios, era incrível e trazia conforto a quem quer que estivesse expondo suas ideias, e eu gostaria de tê-lo explorado melhor desde o começo. A minha timidez me deixou um pouco mais introspectiva inicialmente, mas com o passar do tempo consegui ir me soltando e melhorando tanto nas interações individuais com os novos colegas quanto nas interações com todo o grupo. Durante toda a semana procurei me manter aberta à nova experiência que viveríamos para realmente imergir no tema, aproveitando cada oportunidade nova.* (Relato 20, Disciplina Desafio Finch)

Pontos altos do quarto encontro (terça à tarde):
- Continuação de dinâmicas de integração e colaboração.
- Convidado externo para apresentar sua perspectiva sobre os principais temas discutidos nos dois primeiros dias e contar sua trajetória profissional.
- Divisão dos grupos para trabalhar cada desafio por regra dos pés – respeitando o interesse de cada aluno e uma quantidade razoável de participantes por grupo.
- Combinados para a viagem.
- Promoção de momentos de avaliação entre pares por meio de *feedbacks* construtivos.
- Cada aluno ter um "amigo secreto" para observar e sobre o qual realizar um *feedback* construtivo ao final da viagem.

---

c. A segunda parte da disciplina em detalhes: entendendo os desafios, formulando soluções e apresentação para o parceiro

A segunda parte da disciplina começou às 7h da manhã na FGV DIREITO SP, onde entramos no ônibus que nos levaria para Bauru.

ENSINO JURÍDICO E INOVAÇÃO

Chegamos ao hotel em que ficaríamos hospedados por volta das 11h30, realizamos o *check-in* e fomos para o prédio da Finch Soluções, onde nos foi oferecido um almoço de boas-vindas.

O objetivo do primeiro dia era que os alunos conhecessem a história da empresa e a trajetória profissional de um de seus fundadores, o Renato Mandaliti. Após o almoço, o Renato realizou uma apresentação dos principais desafios e aprendizados de sua carreira profissional. Ele foi muito receptivo com os alunos, reforçando várias vezes o quanto estava aberto e interessado em ouvir as perspectivas deles sobre seu negócio. Essa abertura do parceiro para ouvir a opinião dos alunos foi muito significativa para eles, conforme aponta um aluno em seu relato:

> *Na primeira palestra, com o Renato, consegui entender o que era a empresa e quem eram o JBM e o Mandaliti, algo que não estava nada claro para mim. Fiquei impressionada com sua visão aberta em relação ao futuro; além disso, ele pareceu, não só no primeiro dia, mas durante os três dias de imersão, bastante receptivo às nossas novas ideias. Algo que me marcou muito foi quando ele disse que já haviam pensado em tudo a respeito dos três desafios propostos, mas queria nos ouvir, para ver o que a "nova geração" pensa. Digo que foi marcante porque eu não entendia como um sócio tão consolidado no mercado poderia querer ouvir o que jovens de 20 anos achavam das empresas dele após conhecê-las em dois dias.* (Relato 18, Disciplina Desafio Finch)

Os alunos também mencionaram certa ansiedade e uma grande vontade de atender às expecativas do Renato:

> *Finalmente chegou o terceiro dia e fomos para Bauru. A viagem foi cansativa e longa, mas, no momento em que pisamos na Finch Soluções, percebi o quanto aquilo já tinha valido a pena. Logo na porta do local, estava Renato Mandaliti, o criador de tudo aquilo. O CEO da empresa tinha parado suas atividades do dia a dia para nos receber, e comecei a entender a importância da nossa presença. Naquele momento, se instaurava uma sensação de apreensão, já que tínhamos, como alunos da graduação, que alcançar as expectativas dos funcionários da startup. Passamos o resto do dia ouvindo a história dos escritórios Mandaliti e JBM, quais foram e são os principais desafios, e o que era, de fato, a Finch Soluções. Posso dizer que fomos dormir todos inspirados com a história do Renato: com trabalho e esforço, é possível chegar a qualquer lugar.* (Relato 3, Disciplina Desafio Finch)

6. A EXPERIÊNCIA NA FGV DIREITO SP: DISCIPLINAS DE IMERSÃO

Em seguida, os irmãos Rodrigo, Reinaldo e Renato Mandaliti contaram como os escritórios de advocacia JBM e Mandaliti e a empresa Finch surgiram e quais foram as principais modificações no modelo de negócio ao longo do tempo. Ao final da apresentação, houve um momento aberto para que os alunos fizessem perguntas e respostas. No fim do dia, os participantes da imersão jantaram em um restaurante indicado pelo parceiro.

Conforme o relato dos alunos, esse foi um dia cansativo, mas repleto de aprendizagens:

> *Quanto à viagem, ela, em si, foi muito desafiadora, desde o início até o fim. Na quarta-feira depois do almoço já começamos a todo vapor, tentando entender e reter as informações necessárias para o nosso diagnóstico ao final da imersão. A palestra do Renato foi arrebatadora em todos os sentidos. Ele mostrou ter conseguido ver no mercado (especificamente o de contencioso de massa) uma oportunidade de "disrupção" e inovação, mostrando para nós uma linha de produção que nunca sonharíamos que existisse. Posso dizer que foi muito interessante me ver em uma situação real de entendimento do funcionamento de um grupo empresarial e sua criação, problemas a enfrentar e futuro a decidir.* (Relato 21, Disciplina Desafio Finch)

Pontos altos do quarto dia da imersão (quarta-feira):
- Sinceridade, abertura e explícito interesse dos parceiros em escutar os alunos.
- Integração com os parceiros, inclusive nos momentos de almoço e jantar.
- Compreensão da história da empresa Finch e dos escritórios JBM e Mandaliti Advogados por meio da fala dos CEOs Renato, Reinaldo e Rodrigo Mandaliti.

O objetivo do segundo dia em Bauru era que pudéssemos conhecer de perto os diferentes ambientes da Finch, do JBM e do Mandaliti Advogados e conversar com diversos profissionais sobre os desafios apresentados.

Nos dividimos em dois grupos: um que começaria um tour guiado para JBM/Mandaliti e outro que começaria pelo prédio da Finch. Nas duas visitas, tivemos a oportunidade de conhecer diferentes espaços das empresas e realizar uma conversa com funcionários sobre os desafios propostos. Essas visitas duraram todo o período da manhã.

Visitar os diferentes espaços e conhecer as tecnologias desenvolvidas pelo parceiro foi bastante surpreendente para os alunos, especialmente pelas grandes diferenças entre a cultura organizacional do escritório JBM Advogados, especializado em contencioso de massa, e a Finch Soluções, voltada para o desenvolvimento de tecnologias ao mercado jurídico.

Uma grande questão que acompanhou todas essas visitas era se o impacto da tecnologia nas profissões jurídicas era positivo ou negativo, mostrando aos alunos a complexidade dessa discussão, conforme relato de um aluno:

> O segundo dia em Bauru foi organizado para vermos como o grupo empresarial de fato se organiza e trabalha atualmente. Como já mencionei, e muitos também devem ter feito, este dia foi o mais chocante, por ter nos mostrado uma verdadeira linha de produção de peças jurídicas, como se fosse uma fábrica. Embora toda aquela dinâmica de trabalho nos cause muita admiração pela sua eficiência, não posso negar que me trouxe muito medo também de imaginar como seria se a carreira jurídica for drasticamente afetada pela tecnologia. E pensar também que alguns profissionais conseguirão continuar na área pela sua formação e capacidade de adaptação aos novos cenários impostos pelas inovações tecnológicas, mas de que outros serão simplesmente substituídos. (Relato 21, Disciplina Desafio Finch)

Além das visitas, ainda nesse dia foi realizada uma apresentação sobre as tecnologias desenvolvidas pela Finch, como a utilização de inteligência artificial para a análise de jurisprudência. No final do dia, os alunos tiveram duas horas para trabalhar nos projetos de solução dos desafios propostos pelo Renato Mandaliti, com o auxílio dos professores e pesquisadores do curso. Para ajudar na elaboração dos projetos, apresentamos aos alunos a metodologia de análise FOAR: Forças, Oportunidades, Aspirações e Resultados. Essa ferramenta de planejamento estratégico, inspirada na famosa análise SWOT (Forças, Fraquezas, Oportunidades e Ameaças), traz uma abordagem apreciativa na realização de um diagnóstico. O enfoque é na observação dos pontos fortes da organização, trabalhando para identificar oportunidades de mudança.

6. A EXPERIÊNCIA NA FGV DIREITO SP: DISCIPLINAS DE IMERSÃO

Esse foi um momento importante, em que os alunos perceberam que poderiam contribuir de alguma maneira ao enfrentamento dos desafios propostos pelo parceiro:

> Começamos a trabalhar nos nossos desafios e a perceber que tínhamos a capacidade de realmente mudar alguns problemas da empresa. [...]. A dinâmica que fez com que os alunos trocassem informações de cada um dos desafios, compartilhando as possíveis dúvidas e propostas, foi essencial, visto que conseguimos ver se todas as soluções estavam fazendo sentido e se estavam de acordo com as propostas dos outros grupos.
> (Relato 3, Disciplina Desafio Finch)

Ao final do dia, fomos recebidos para celebrar a última noite da imersão com um jantar na fazenda do Renato Mandaliti. Nessa noite, entregamos para o parceiro flores e bilhetes de agradecimento confeccionados pelos alunos.

> Pontos altos do quinto dia da imersão (quinta-feira):
> • Visita aos diferentes espaços da Finch, do JBM e do Mandaliti Advogados e conversa com profissionais em seus ambientes de trabalho.
> • Tempo para realização dos projetos por meio da metodologia FOAR.
> • Jantar de celebração realizado pelo parceiro com a entrega de presente de agradecimento pela colaboração.

No último dia da imersão, realizamos o *check-out* de manhã no hotel e tivemos uma hora para que os grupos finalizassem suas apresentações.

Antes da apresentação final, fizemos uma dinâmica de encerramento e avaliação do curso. Desenhamos os arcos indicando o movimento do curso em um papel *craft*; pedimos aos alunos que escrevessem, na parte de baixo dos arcos, algo que poderia ter sido melhor e, na parte de cima, algo que gostaram muito. Em seguida, compomos uma roda e pedimos a cada um que falasse de seu chocolate preferido. Depois colocamos vários tipos de chocolate no chão e pedimos para que escolhessem um que combinava mais com seu "amigo secreto" e o oferecessem a ele com o *feedback* construtivo.

Sobre esse momento de encerramento, um aluno relatou:

ENSINO JURÍDICO E INOVAÇÃO

A última dinâmica em Bauru foi um momento bastante tocante enquanto um reflexo de tudo o que passamos. Naqueles minutos pudemos fazer nossa primeira reflexão mais incisiva de tudo o que tínhamos passado e superado nos cinco dias de imersão (algo bastante impactante, afinal, foram muitas conquistas em um espaço de tempo tão curto). Por fim, fechar aquele momento com a revelação do "amigo secreto" foi genial, afinal, aquela troca de feedbacks positivos não apenas nos faz crescer enquanto profissionais, mas enquanto indivíduos parte de uma grande sociedade. (Relato 10, Disciplina Desafio Finch)

As apresentações dos projetos realizados pelos alunos começaram às 10h. Cada grupo teve 5 minutos para mostrar suas propostas de solução aos desafios e 15 minutos para receber *feedbacks*. Os irmãos Renato, Rodrigo e Reinaldo estavam presentes, além de outros integrantes das empresas com quem conversamos durante o dia anterior.

Os alunos estavam muito ansiosos para receber os comentários, e os resultados foram acima das expectativas de todos os envolvidos. O retorno dos parceiros foi bastante positivo; eles se mostraram surpresos com a qualidade das propostas elaboradas pelos alunos. Os alunos responderam às perguntas de maneira respeitosa e demonstrando profundidade na reflexão sobre os projetos.

Conforme os relatos dos alunos:

Finalmente, depois de uma madrugada de discussões, conseguimos apresentar ideias e soluções que parecem ter agradado ao grupo de empregados e diretores da JBM, Finch e Mandalliti. Da mesma forma que eles se mostraram muito satisfeitos, também foi muito gratificante para nós podermos apresentar algo que envolvesse situações e problemas reais. A adrenalina foi grande, mas recebemos um grande presente ao vermos todos eles tão interessados em verem o que tínhamos para falar. (Relato 21, Disciplina Desafio Finch)

Além disso, o trabalho que tivemos que elaborar para a empresa foi muito enriquecedor. Isso devido, primeiramente, ao fato de termos tido que pensar em propostas relacionadas a questões mais complexas ligadas ao âmbito profissional – e não acadêmico ou teórico, como é de costume por sermos estudantes. Em segundo lugar, para mim, pessoalmente, apresentar nossa proposta na frente de sócios de escritório e outros profissionais foi um ponto muito forte a ser destacado nessa experiência, porque me fez enfrentar pela primeira vez um desafio que, com certeza, terei de enfrentar inúmeras vezes ao longo da minha vida profissional. (Relato 22, Disciplina Desafio Finch)

6. A EXPERIÊNCIA NA FGV DIREITO SP: DISCIPLINAS DE IMERSÃO

> Pontos altos do último dia da imersão (sexta feira):
> - Tempo para preparação da apresentação.
> - Encerramento e avaliação do curso por meio da identificação do que os alunos gostaram e do que acharam que poderia ter sido melhor.
> - Oportunidade de realizar avaliação entre pares por meio da dinâmica do "amigo secreto".
> - Interesse dos parceiros na proposta e realização de *feedbacks* construtivos.
> - Sensação de realização pelos alunos e pelo parceiro.

d. Avaliação e resultados finais

A avaliação da imersão Desafio Finch, assim como da imersão anterior, foi composta por: produto final (40%), engajamento no curso (30%) e relato de aprendizagem (30%).

A nota de produto final objetivava aferir se os alunos tinham realizado um bom diagnóstico sobre os desafios apresentados pelo parceiro e se tinham exposto uma proposta clara, adequada e inovadora de solução. A nota de engajamento buscava dimensionar se eles tinham participado das atividades, interagido com os colegas, trabalhado bem em grupo e contribuído para a construção de conhecimento durante o curso. A nota do relato de aprendizagem buscava verificar a capacidade de refletirem sobre o próprio processo de aprendizagem e sobre os conteúdos trabalhados no curso.

O produto final foi avaliado por meio da observação dos resultados e anotação dos comentários dos parceiros pela equipe. O engajamento no curso também foi analisado por meio da observação durante as atividades. Ao contrário da imersão anterior, informamos os critérios de avaliação do relato de aprendizagem para os alunos com antecedência, o que permitiu que elaborassem relatos mais profundos e mais próximos aos objetivos que esperávamos com essa ferramenta de avaliação. Utilizamos os seguintes critérios de avaliação:

- Descrição de ganhos de aprendizagem de conteúdo, habilidades/competências, reflexões e atitudes.
- Profundidade da reflexão sobre o curso (associações com as dinâmicas, os conceitos explorados, o material de leitura prévia e o produto final).

ENSINO JURÍDICO E INOVAÇÃO

- Profundidade da reflexão pessoal (percepção da própria postura, interações entre os colegas e dinâmicas de trabalho em grupo).
- Abrangência de todos os encontros e dinâmicas.

Deixamos os alunos escolherem o formato do relato, podendo utilizar outras linguagens que não somente a escrita.

A partir da análise dos relatos de aprendizagem e de nossas percepções sobre a imersão como um todo, chegamos a algumas conclusões importantes para as próximas edições.

Em primeiro lugar, um ponto ressaltado como positivo pela equipe e pelos alunos foi a realização de diferentes dinâmicas de integração e de colaboração, do início ao final do curso. Essas atividades possibilitaram o desenvolvimento de *soft skills* como escuta e comunicação e permitiu que o trabalho em grupo no projeto final fosse mais efetivo. A imersão também proporcionou vínculos significativos entre os integrantes do curso. Uma importante constatação realizada pelos alunos do Direito foi a contribuição de alunos de outras graduações à imersão. Para as próximas imersões, constatamos que será crucial estabelecer estratégias para promover maior interdisciplinaridade entre os alunos participantes.

Além de dinâmicas de integração e colaboração, houve uma grande preocupação em garantir um espaço confortável para a participação em sala de aula e para a troca de experiências e percepções entre os alunos. Um aluno, inclusive, afirmou que a maior parte de seus aprendizados na imersão vieram dessas trocas entre os próprios estudantes:

> Com relação ao conteúdo, acho que aquilo no que eu mais tive oportunidade de me aprofundar foi pensar em gestão, tanto de empresas quanto de pessoas. O mais interessante de pensar é que a maioria desses conhecimentos não veio dos professores ou sócios, mas dos meus próprios colegas. (Relato 1, Disciplina Desafio Finch)

Esse foi um aspecto apontado como muito positivo pelos alunos, que sentiram grande diferença entre a imersão e o ambiente de sala de aula a que estavam acostumados:

> Logo no primeiro dia, já percebi que aquela matéria seria diferente de todas as outras aulas que temos na graduação. Já começamos o dia com dinâmicas, falando de

6. A EXPERIÊNCIA NA FGV DIREITO SP: DISCIPLINAS DE IMERSÃO

tecnologias que utilizamos no dia a dia e contando histórias pessoais. Criamos memes, personagens fictícios para uma entrevista de emprego e, sobretudo, falamos sobre nós mesmos. Sobre como nos sentíamos dentro do nosso curso, sobre como víamos a tecnologia e o direito. Estávamos em um espaço aberto para sairmos da condição de "aluno" e entrarmos na condição de "indivíduo". (Relato 3, Disciplina Desafio Finch)

Fazendo, agora, uma autoavaliação da semana de imersão, sinto que foi muito fácil para mim ser quem realmente sou nesse espaço. Acredito que quem me conhece no dia a dia da GV não me daria feedbacks como foi me dado nesta semana. Palavras como "espontânea" e "cativante" foram muito importantes para mim e me fizeram pensar em como implementar isso nos dias normais, e não apenas na imersão. (Relato 18, Disciplina Desafio Finch)

Ao mesmo tempo que queríamos proporcionar um espaço confortável e prazeroso para participação em sala de aula, também tínhamos como objetivo tirar os alunos da zona de conforto e permitir que eles se sentissem desafiados pela proposta da imersão. Assim, um terceiro ponto significativo foi o equilíbrio entre um ambiente agradável e, ao mesmo tempo, desafiante, que proporcionasse aprendizados relevantes:

Gostaria de iniciar esse relatório com um breve agradecimento a vocês que organizaram essa imersão. É muito diferente de todos os tipos de atividades que já realizei na Fundação Getulio Vargas e percebi que pude aprender muito, conhecer novas pessoas, realizar apresentações, entrar em discussões construtivas e conviver com colegas que pensam diferente de mim, e tudo isso de maneira muito agradável, divertida e leve, de tal forma que só pude ter noção de tudo quando já findada a imersão, pois, enquanto vivia, uma certa ansiedade me incomodou, pois geralmente os bons momentos são seguidos por uma cobrança excessiva e uma competição bastante incisiva, que não chegaram, fato que me permitiu ter uma nova percepção sobre o aprendizado. Obrigado! (Relato 16, Disciplina Desafio Finch)

Outro ponto que vale a pena ser ressaltado é a relação entre as duas partes da imersão: as dinâmicas na FGV DIREITO SP e a experiência em Bauru. No início, para alguns alunos foi difícil compreender como as atividades em São Paulo se conectavam com os desafios a serem solucionados. Um aluno, inclusive, apontou que gostaria de ter visto uma relação mais explícita entre essas duas partes do curso.

ENSINO JURÍDICO E INOVAÇÃO

A maior parte dos integrantes da imersão afirmou que as dinâmicas dos primeiros dias na FGV DIREITO SP foram relevantes:

Essa dinâmica de aprender a escutar e observar foi essencial para a elaboração de um produto final para a Finch. Durante todo o momento eu procurei observar mais os funcionários, o ambiente da empresa e os sócios. Ouvi e observei bastante, e, na hora de apresentar a solução do meu grupo, os sócios se encantaram com a proposta. Além disso, o benefício das dinâmicas realizadas no início da eletiva foi essencial para que eu conhecesse melhor os integrantes do meu grupo. Na hora de trabalhar, nosso entrosamento foi muito bom, e isso foi essencial para o bom desempenho do meu grupo na formulação da proposta. Quando estávamos trabalhando, me lembrei da dinâmica do barbante, que ao final mostrava que cada pessoa tinha uma conexão com a outra. No grupo isso ficou mais evidente: no momento em que colhíamos opiniões, achamos vários pontos em comum. (Relato 8, Disciplina Desafio Finch)

Muitos mencionaram que só compreenderam a importância dessas atividades iniciais ao final da imersão. Por isso, acreditamos que poderíamos ter conversado com os alunos sobre a relação entre as duas partes da imersão de maneira mais explícita nos primeiros dias.

Outro ponto que poderia ter sido melhor, na visão da equipe e dos alunos, foi o tempo destinado para a elaboração dos projetos. Apesar de os parceiros e os grupos terem ficado satisfeitos com as propostas elaboradas, o tempo foi bastante curto. O principal *feedback* dos alunos sobre a imersão foi que eles gostariam de ter tido mais tempo para elaborar os projetos.

Desde a nossa recepção, até a apresentação das nossas soluções, sinto que fomos tratados de forma profissional, o que nos tirou do academicismo universitário, fazendo com que lidássemos com problemas reais que afetavam diretamente no funcionamento de um grande grupo de empresas. Contudo, penso que seria interessante para o produto final um maior tempo de conversa com os funcionários, para compreendermos de fato como as soluções propostas afetariam a vida destes. Acredito que, infelizmente, não tivemos tempo o suficiente para imergir no contexto da empresa e propor soluções inovadoras e aplicáveis, mas sinto que tudo que foi dito na apresentação foi valorizado pelos ouvintes. (Relato 24, Disciplina Desafio Finch)

Além disso, não abordamos os textos do material de leitura em sala de aula de maneira explícita, o que prejudicou o aproveitamento da bibliografia pelos alunos:

> *Por fim, na próxima semana de imersão, pretendo ler mais os textos preparatórios, porque não li quase nada, apenas passei o olho por alguns dos textos propostos, o que sei que, apesar de não determinar a qualidade do trabalho desenvolvido, poderia ter ajudado a pensar e levado a ideias inovadoras de modo mais fácil. Ou seja, quem perdeu fui eu. (Relato 18, Disciplina Desafio Finch)*

Por fim, ficamos muito contentes com os resultados da imersão. Acreditamos que atingimos nossos objetivos com o curso: os alunos refletiram sobre suas próprias trajetórias profissionais, compreenderam as principais tendências de mudança na profissão jurídica advindas da tecnologia e desenvolveram habilidades relevantes, como escuta, colaboração, comunicação, criatividade e realização de um diagnóstico organizacional.

Cabe finalizar com alguns relatos de alunos que resumem os aprendizados durante a semana:

> *A matéria da semana de imersão do segundo semestre de 2018 foi uma das melhores experiências acadêmicas e pessoais que pude vivenciar na graduação da FGV. Foi possível entrar em contato com o mundo da tecnologia voltado para o mundo jurídico, algo que ainda é pouco abordado nos cursos da graduação, aprendendo sobre o uso de inteligência artificial não só na elaboração de peças e de estratégias processuais, mas também na coleta e no processamento de informações do Judiciário. Foi um estudo de extrema relevância na minha formação, pois foi possível analisar como as inovações tecnológicas podem afetar a profissão jurídica. Além disso, em todos os momentos do curso a habilidade de trabalhar em grupo foi necessária. (Relato 17, Disciplina Desafio Finch)*

> *Tenho certeza de que o saldo da imersão não poderia ser mais positivo do que foi. Gostaria de agradecer todo o empenho de vocês para oferecer tudo isto para nós. Vocês conseguiram misturar aprendizado com inovação, diversão e dedicação ao projeto final. Vocês nos fizeram ampliar a nossa visão sobre o futuro em geral, e do futuro que queremos para nós mesmos. Nos mostraram como a tecnologia pode mudar muita coisa, mas que a sensibilização e o olhar para o outro não podem ficar esquecidos. Agora eu entendo realmente o significado de uma "imersão" – é realmente abraçar o projeto e estar aberto para descobrir novos conceitos e visões de mundo. Obrigada*

ENSINO JURÍDICO E INOVAÇÃO

por toda a atenção e por estarem tão engajados a nos enriquecerem através do conhecimento e da vivência. Espero poder participar de outros projetos como este! (Relato 21, Disciplina Desafio Finch)

Posso afirmar, com convicção, que esses 5 dias muito intensos permitiram meu desenvolvimento nos mais diversos sentidos: meu lado expressivo, que muitas vezes se resguarda em meio a novas pessoas e novos ambientes, foi muito estimulado; pude perceber como o fato de eu possuir uma visão incerta sobre meu futuro não me torna nada diferente das pessoas com quem convivi nesses dias; ainda sobre o futuro, tive a chance de abrir muito a minha cabeça sobre as novas maneiras com que eu poderia atuar no Direito; foi despertado em mim, ainda, o interesse por tecnologias e, por exemplo, aprender o básico sobre programação e afins; pude experienciar de perto diferentes ambientes e perfis profissionais que existem e entender brevemente as diferentes rotinas; e, também, senti na pele a pressão e adrenalina – e posterior sentimento de muita satisfação – de me apresentar em ambiente profissional. (Relato 22, Disciplina Desafio Finch)

É interessante destacar que, nessa última edição, foi aplicado questionário tanto ao início quanto ao final do processo para verificar melhor alguns dados do impacto da imersão na vivência dos estudantes. Os questionários eram facultativos e exigiam a identificação de seus nomes. No primeiro, ao início da segunda imersão, foram coletadas 23 respostas e, ao final, apenas 16 respostas. Vale notar, porém, que as respostas para as mesmas perguntas após a imersão foram modificadas significativamente.

> Quer ver um exemplo de formulário de avaliação do processo? Confira nos *links* a seguir o que os estudantes responderam no início e no final do curso!
>
> *Questionário de início do curso: https://bit.ly/2Xc8Ii7*
>
> *Questionário de final do curso: https://bit.ly/3dZb2jA*

Observou-que que os alunos saíram do processo imersivo mais atentos às mudanças que estão ocorrendo no mercado jurídico. No primeiro formulário, apenas 34,8% das respostas indicavam mudanças radicais no cenário jurídico. No segundo formulário aplicado, após a imersão, esse percentual passou a ser de 75%, demonstrando o impacto dessa imersão na visão dos estudantes.

Ainda, no início, poucos optaram por responder que acreditavam ter dificuldade em elaborar projetos (26,1% afirmaram não ter qualquer dificuldade). Contudo, ao final, após serem expostos a um problema real, com a necessidade de entregar um produto final, viram que esse processo seria um pouco mais difícil do que inicialmente imaginavam, já que apenas 12,5% dos estudantes escolheram a mesma opção.

É interessante notar como grande parte elogiou a metodologia de ensino aplicada e, principalmente, a preocupação da equipe com a criação dos grupos. Muitos fizeram referência ao benefício do diálogo trazido com a escuta de diferentes visões, especialmente dos parceiros. Ainda, alguns destacaram ser positivo o trabalho colaborativo desempenhado, o que pode indicar, em parte, que o experimento idealizado foi bem-sucedido, seja porque os alunos saíram com o conhecimento esperado das mudanças que as novas tecnologias vêm causando no Direito, seja porque parecem ter aprimorado diversas competências esperadas com essa proposta mais prática sugerida.

Acredita-se que, diante da constatação do cenário de transformação da profissão jurídica, é necessária uma reorientação de objetivos e de métodos de ensino do Direito para proporcionar uma experiência de educação que seja relevante e significativa a todos os envolvidos no processo de ensino-aprendizagem.

7. Conclusões

O relato detalhado de nossas experiências imersivas com graduandos, pesquisando e experimentando novas abordagens e metodologias, rompe paradigmas do ensino tradicional jurídico. Afinal, a regra tem sido os cursos se apoiarem em aulas expositivas e os alunos esperarem esse padrão, e nessa proposta de ensino participativo houve definição mais robusta dos objetivos de aprendizagem, das técnicas empregadas e da transversalidade dos temas trabalhados.

Vimos que não apenas é possível, como desejável, que o ensino não seja praticado como mera transmissão de saberes, que expõe os alunos a determinado conteúdo, mantendo-os em uma posição passiva para "receber" uma lista de ensinamentos de como operar o Direito. As transformações da realidade social demandam muito mais do que um limitado repertório técnico-jurídico, visto que as mudanças impostas pelos avanços da tecnologia trazem demandas inéditas e que exigem soluções cada vez mais complexas, multidisciplinares e sem respostas únicas.

À primeira vista, pode assustar o desafio de preparar futuros profissionais para atuar em uma sociedade cada vez mais tecnológica e em um contexto de trabalho incerto, mas, quando se considera o aluno como agente ativo na construção do seu conhecimento, diversos caminhos se tornam possíveis. O aluno como protagonista de seu próprio aprendizado ressignifica o ensino jurídico em todas suas dimensões. Tal postura e a clareza na definição dos objetivos do curso e das competências e habilidades que se quer trabalhar foram fundamentais para o sucesso das imersões.

ENSINO JURÍDICO E INOVAÇÃO

O *feedback* dos estudantes aponta de maneira unânime que as experiências proporcionadas pela imersão, com atividades de integração, sensibilização e contato com a realidade do mercado de trabalho, cumpriram satisfatoriamente o objetivo de prepará-los às seguintes etapas do curso e a suas vidas profissionais.

Esse planejamento minucioso e o encadeamento de cada atividade devem estar desenhados para atingir um propósito conectado ao curso como um todo, o que, inicialmente, pode gerar uma sensação de mais trabalho para o(a) docente. Contudo, é nossa tarefa instigá-los a aprender conteúdos jurídicos desenvolvendo competências e habilidades interpessoais, que, além de humanizar as relações, oferece um cenário cheio de possibilidades, técnicas e métodos, no qual é possível e necessário inovar sempre.

Diante de tantas transformações disruptivas que o mundo e a área jurídica estão enfrentando – e que ainda enfrentarão –, quisemos mostrar que o caminho para a inovação está na pesquisa e na experimentação. Explorar novos métodos de ensino e ferramentas pode transformar o ensino jurídico e a experiência de aprendizagem dos estudantes, preparando-os não mais para saberem determinado repertório de situações e respostas possíveis, mas habilitando-os para atuar de maneira colaborativa e com criatividade, operando questões do Direito que estão cada vez mais complexas e interdisciplinares.

Não se trata de uma fórmula pronta a ser aplicada em sua instituição, como já dito, mas o caminho da pesquisa, se bem fundamentado, com ousadia e criatividade pode imprimir ao ensino jurídico outro significado sobre aprender. Se as informações estão na palma da mão, bastando acessar o celular, já está mais do que na hora de o ensino universitário oferecer uma experiência profunda e transformadora de construção de conhecimento a milhares de estudantes que passam pelos cursos de Direito, que aplicarão esses conhecimentos em sua realidade e na prática jurídica.

Essas iniciativas de ensino serviram para nós, do CEPI, como um laboratório de pesquisa, no qual pudemos implementar técnicas, as adequarmos à realidade de ensino do curso de graduação da FGV, em São Paulo, e as aprimorarmos a cada edição. Há diversas outras ferramentas de ensino e métodos de avaliação a serem explorados. Não pararemos por aqui, pois, como pôde ser visto, há detalhes a serem aparados

7. CONCLUSÕES

para que o encontro em sala de aula não seja caracterizado jamais por uma zona de conforto, mas sim por ser uma oportunidade empática de cocriação de conhecimentos úteis à sociedade e à vida profissional desses cidadãos.

A metodologia participativa é fundamental, porém com técnicas e ferramentas que podem variar pela realidade dos diversos "Brasis" existentes. Por isso mesmo, reforçamos que essas experiências não são receitas prontas, mas sim inspirações para transformar seu próprio contexto de ensino, considerando a realidade social e econômica na qual seus alunos estão inseridos, bem como as necessidades regionais.

Desenvolver nos estudantes a autonomia, o aprender a aprender, o autoavaliar-se, a empatia, a condução de debates, a dar e receber *feedbacks* faz que a aplicação do Direito ganhe um sentido novo e adequado à era tecnológica atual. Se a tecnologia já está mudando e promete alterar ainda mais a rotina e a oferta de serviços jurídicos, é importante preparar nossos alunos para essa nova era e de ajudá-los a construir conhecimentos, competências e habilidades necessárias. Restringir-se ao ensino de conteúdos é formar profissionais ultrapassados, já que a realidade será outra ao concluírem o curso.

Como se vê, o desafio é grande, não apenas para os alunos, mas principalmente para professores e instituições de ensino. Somente assumindo tais deveres é que será possível mudar o panorama do Direito no Brasil. E não há mais tempo para ficar parado.

Esperamos, desse modo, ter lhe inspirado a implementar inovações no ensino jurídico e contribuído para suas reflexões, dando nossa contribuição para essa nova era do ensino jurídico brasileiro, no qual responder aos desafios de uma nova sociedade só é possível se ensinarmos e aprendermos de uma nova maneira também.

8. REFERÊNCIAS

AGOSTINI, Manuela Rösing. *Da administração legal ao business process management*: o mapeamento de processos de negócio em escritórios de advocacia. 116f. Dissertação (Mestrado, Programa de Pós-Graduação em Administração). Universidade de Caxias do Sul, Caxias do Sul, 2010. Disponível em: https://repositorio.ucs.br/xmlui/bitstream/handle/11338/532/Dissertacao%20Manuela%20Rosing%20Agostini.pdf;sequence=1. Acesso em: 3 set. 2019.

ANGARITA, Antonio (coord.); AMBROSINI, Diego Rafael; SALINAS, Natasha Schmitt Caccia. *DireitoGV*: construção de um sonho: inovação, métodos, pesquisa, docência. São Paulo: DireitoGV, 2010.

ANLEU, Sharyn Roach; MACK, Kathy. Gender, judging and job satisfaction. *Feminist Legal Studies*, v. 17, n. 1, p. 79-99, 2009.

BONELLI, Maria da Glória. Profissionalismo e diferença de gênero na magistratura paulista. *Civitas – Revista de Ciências Sociais*, v. 10, n. 2, p. 270-292, 2010.

–. *Profissionalismo, gênero e diferença nas carreiras jurídicas*. São Carlos: EdUFSCar, 2013.

–; CUNHA, Luciana G.; OLIVEIRA, Fabiana L. de; SILVEIRA, Maria Natália B. da. Profissionalização por gênero em escritórios paulistas de advocacia. *Tempo Social*, v. 20, n. 1, p. 265-290, 2008.

BRASIL. Conselho Nacional de Educação. *Parecer CNE/CES n. 635/2018*. Interessado: Conselho Nacional de Educação/Câmara de Educação Superior. Aprovado em: 4 out. 2018.

CAMPBELL, Ray Worthy. The end of law schools: legal education in the era of legal services business. *Mississipi Law Journal*, v. 85, 2016. Disponível em: http://mississippilawjournal.org/wp-content/uploads/2017/03/1.-Campbell.pdf. Acesso em: 19 mar. 2018.

CAMPUS PARTY. #CPRO – SINAPSES – Entenda como a inteligência artificial pode tornar o Judiciário mais rápido. *YouTube*, 4 ago. 2018. Disponível em: https://www.youtube.com/watch?v=FaDylHvQ0lA. Acesso em: 3 set. 2019.

CENTRO DE ESTUDOS EM SUSTENTABILIDADE DA FGV EAESP. *Sobre o Fis*. 6 fev. 2013. Disponível em: http://www.gvces.com.br/sobre-o-fis?locale=pt-br. Acesso em: 4 set. 2019.

CHAPMAN, S.; MCPHEE, P.; PROUDMAN, B. What is experiential education? *In*: WARREN, Karen; MITTEN, Denise; LOEFFLER, TA (ed.). *The theory of experiential education*. Dubuque: Kendall/Hunt Publishing Company, 1995. p. 235-248.

COOPERRIDER, David L.; Whitney, Diana. A positive revolution in change: appreciative inquiry. *Public Administration and Public Policy*, v. 87, p. 611-630, 2001.

DONNAN, Susan. What is appreciative inquiry. *Portal Metavolution*, 2005. Disponível em: http://www.metavolution.com/rsrc/articles/whatis_ai.htm. Acesso em: 5 set. 2019.

EXTRA. Juíza do TJDFT faz audiência por WhatsApp para agilizar caso de pensão alimentícia. *Extra*, 25 abr. 2018. Disponível em: https://extra.globo.com/noticias/brasil/juiza-do-tjdft-faz-audiencia-por-whatsapp-para-agilizar-caso-de-pensao-alimenticia-22624960.html. Acesso em: 3 set. 2019.

FGV DIREITO SP. *Projeto Pedagógico do Curso de Graduação*: 2017-2019. Disponível em: https://direitosp.fgv.br/sites/direitosp.fgv.br/files/arquivos/ppc_2017-2019.pdf. Acesso em: 3 set. 2019.

FGV EAESP. Intent. *Ei! Ensino Inovativo*, v. 3, 2018, p. 17-44. Disponível em: http://bibliotecadigital.fgv.br/ojs/index.php/ei/issue/view/4282/showToc. Acesso em: 4 set. 2019.

FINK, L. Dee. *Creating significant learning experiences*: an integrated approach to designing college courses. San Francisco, Calif: Jossey-Bass, 2003.

FORMAÇÃO INTEGRADA PARA A SUSTENTABILIDADE (FIS). *Guia de fundamentos e práticas*. Versão 1.0. São Paulo: FGV EAESP, 2015. Disponível em: http://mediadrawer.gvces.com.br/gvces/original/gvces_fis_guiadefundamentos-praticas_versao1-0_final_16-11-15.pdf. Acesso em: 5 set. 2019.

FRANÇA, Luis de. Tecnologia exige novas habilidades de advogados. *Jornal Valor de São Paulo*. 5 fev. 2018. Disponível em: http://www.valor.com.br/carreira/5305995/tecnologia-exige-novas-habilidades-de-advogados. Acesso em: 20 mar. 2018.

GERASSI NETO, A. O que o mercado espera do advogado moderno. *Migalhas*. 22 set. 2017. Disponível em: http://www.migalhas.com.br/dePeso/16,MI265748,101048-O+que+o+mercado+espera+do+advogado+moderno. Acesso em: 21 mar. 2018.

GHIRARDI, José Garcez. *Narciso em sala de aula*: novas formas de subjetividade e seus desafios para o ensino. São Paulo: FGV Direito SP, 2016. p. 58-60.

GHIRARDI, José Garcez. *O instante do encontro*: questões fundamentais para o ensino jurídico. São Paulo: Fundação Getulio Vargas, 2012.

8. REFERÊNCIAS

GUNEY, Ali; AL, Selda. Effective learning environments in relation to different learning theories. *Procedia--Social and Behavioral Sciences*, v. 46, p. 2334-2338, 2012.

HAN, Byung-Chul. *Sociedade do cansaço*. Petrópolis: Vozes, 2015.

INSTITUTO EDUCADIGITAL. *Design thinking para educadores*. Trad. Port. de Bianca Santana, Daniela Silva e Laura Folgueira. Instituto Educadigital, n.d. Disponível em: https://www.dtparaeducadores.org.br/site/sobre-o-material/. Acesso em: 5 set. 2019.

INTERNATIONAL BAR ASSOCIATION (IBA). IBA Legal Policy & Research Unit. 'Times are a-changin': disruptive innovation and the legal profession. Maio 2016. Disponível em: https://www.ibanet.org/LPRU/Disruptive--Innovation.aspx. Acesso em: 3 set. 2019.

KALIL, Renan Bernardi. Direito do trabalho e economia de compartilhamento: apontamentos iniciais. *In*: ZANATTA, Rafael A. F.; PAULA, Pedro C. B. de; KIRA, Beatriz (org.). *Economias do compartilhamento e o Direito*. Curitiba: Juruá, p. 237-257, 2017. Disponível em: https://www.internetlab.org.br/wp-content/uploads/2017/12/Economias_do_compartilhamento_e.pdf. Acesso em: 20 fev. 2020.

KAMAYURÁ, Uyara. *Advocacia-geral aposta em inteligência artificial e automação de processos para agilizar trabalhos jurídicos*, 2013. Disponível em: http://www.agu.gov.br/page/content/detail/id_conteudo/230719. Acesso em: 1 fev. 2018.

KAOSPILOT. *Kaospilot entreprising leadership*: A three year programme. Aarhus: Kaospilot, 2018. Disponível em: https://www.kaospilot.dk/wp-content/uploads/2017/12/kaospilot_educationbrochure2018_web.pdf. Acesso em: 5 set. 2019.

KAY, Fiona M.; HAGAN, John. The persistent glass ceiling: gendered inequalities in the earnings of lawyers. *British Journal of Sociology*, p. 279-310, 1995.

KOLB, David. A. *Experiential learning*: experience as the source of learning and development. Englewood Cliffs, NJ: Prentice Hall, 1984.

LAURITI, Nádia C. A comunicação na avaliação de desempenho docente no ensino superior. *Eccos Revista Científica*, v. 4, n. 1, p. 111-130, 2002.

LIMA, Stephane Hilda Barbosa. *Formação jurídica, metodologias ativas de ensino e a experiência da graduação da Escola de Direito de São Paulo (FGV Direito SP)*. Dissertação. Programa de Pós-Graduação em Direito Constitucional da Universidade Federal do Ceará, 2018.

MAIA FILHO, Mamede Said; JUNQUILHO, Tainá Aguiar. Projeto Victor: perspectivas de aplicação da inteligência artificial ao direito. *Revista de Direitos e Garantias Fundamentais*, v. 19, n. 3, p. 218-237, 2018.

MARANHÃO, Juliano. A inteligência artificial e o ensino do Direito. *JOTA*. 18 jan. 2018. Disponível em: https://www.jota.info/artigos/inteligencia-artificial-e-o-ensino-do-

-direito-19122017. Acesso em: 20 mar. 2018.

MCGILL UNIVERSITY. *Guidelines for assessment of experiential learning*. Montreal: Teaching and Learning Services, 2014.

MCMANUS, Dean A. The two paradigms of education and the peer review of teaching. *Journal of Geoscience Education*, v. 49, n. 5, p. 423-434, 2001.

MONTEIRO, Artur Péricles Lima. Liberdade de profissão e economia de compartilhamento: desafios do trabalho na multidão. *In*: ZANATTA, Rafael A. F.; PAULA, Pedro C. B. de; KIRA, Beatriz (org.). *Economias do compartilhamento e o Direito*. Curitiba: Juruá, p. 217-236, 2017. Disponível em: https://www.internetlab.org.br/wp-content/uploads/2017/12/Economias_do_compartilhamento_e.pdf. Acesso em: 20 fev. 2020.

MONTENEGRO, Manuel; ANDRADE, Paulo. Inteligência artificial: Parceria com Tribunal de Rondônia aproxima o futuro. *Portal do Conselho Nacional de Justiça*, 16 out. 2018. Disponível em: http://www.cnj.jus.br/noticias/cnj/87819-inteligencia-artificial-parceria-com-tribunal-de-rondonia-aproxima-o-futuro. Acesso em: 3 set. 2019.

MOON, Jennifer A. *A handbook of reflective and experiential learning*. Theory and practice. London: RoutledgeFalmer, 2004.

O POVO. Primeira audiência via WhatsApp é realizada pela Justiça do Rio de Janeiro. *O Povo Online*, 20 jul. 2018. Disponível em: https://www.opovo.com.br/noticias/colunas/tecnosfera/2018/07/primeira-audiencia-via-whatsapp-e-realizada-pela-justica-do-rio-de-jan.html. Acesso em: 3 set. 2019.

OAKDEN-RAYNER, Luke. *The end of human doctors* – understanding automation. 3 maio 2017. Disponível em: https://lukeoakdenrayner.wordpress.com/2017/05/03/the-end-of-human-doctors-understanding-automation/. Acesso em: 3 set. 2019.

PASSARINHO, Nathalia; ODILLA, Fernanda. Moro ministro: como os tentáculos da Lava Jato podem se espalhar por PF, Procuradoria e Justiça. *BBC News*, 26 nov. 2018. Disponível em: https://www.bbc.com/portuguese/brasil-46316579. Acesso em: 9 jan. 2019.

PIMENTA, Selma Garrido; ANASTASIOU, Léa das Graças Camargos. *Docência no ensino superior*. 2ª ed. São Paulo: Cortez, 2005.

PROSSER, Michael; TRIGWELL, Keith. *Understanding learning and teaching*: The experience in higher education. McGraw-Hill Education (UK), 1999.

PWR NEW MEDIA. Design thinking for marketing communications professionals: How Design Thinking processes can help you shape organizational stories that connect. *Portal pwR*, 2015. Disponível em: https://www.pwrnewmedia.com/landing/design_thinking_whitepaper/. Acesso: 5 set. 2019.

SÄLJÖ, Roger. Learning about learning. *Higher Education*, v. 8, n. 4, p. 443--451, 1979.

8. REFERÊNCIAS

SAMUELOWICZ, Katherine; BAIN, John D. Revisiting academics' beliefs about teaching and learning. *Higher Education*, v. 41, n. 3, p. 299-325, 2001.

STANFORD LEGAL DESIGN LAB. *Legal Design Lab*. Portal Legal Design Lab, 2013-2018. Disponível em: http://www.legaltechdesign.com/. Acesso em: 5 set. 2019.

SUPREMO TRIBUNAL FEDERAL. *Inteligência artificial vai agilizar a tramitação de processos no STF*. 30 maio 2018. Disponível em: http://www.stf.jus.br/portal/cms/verNoticiaDetalhe.asp?idConteudo=380038. Acesso em: 3 set. 2019.

THE LAW AND SOCIETY OF ENGLAND AND WALES. *The future of legal services*, jan. 2016. Disponível em: https://www.lawsociety.org.uk/support-services/research-trends/the-future-of-legal-services/. Acesso em: 3 set. 2019.

TRT-PR. Audiência via WhatsApp soluciona ação trabalhista de 15 anos no PR. *Portal do Conselho Nacional de Justiça*, 24 jul. 2018. Disponível em: http://www.cnj.jus.br/noticias/judiciario/87193-audiencia-via-whatsapp-soluciona-acao-trabalhista-de-15-anos-no-pr. Acesso em: 3 set. 2019.

UNESCO. International Bureau of Education. *Glossário de terminologia curricular*. Genebra: IBE, 2016.

VIANNA, Maurício *et al*. *Design thinking*: inovação em negócios. Rio de Janeiro: MJV Press, 2012.

WORLD ECONOMIC FORUM. Centre for the New Economy and Society. *The Future of Jobs Report 2018*. Geneva: World Economic Forum, 2018. Disponível em: http://www3.weforum.org/docs/WEF_Future_of_Jobs_2018.pdf. Acesso em: 3 set. 2019.

WUJEC, Tom. Build a tower, build a team. *TED Talk*, fev. 2010. Disponível em: https://www.ted.com/talks/tom_wujec_build_a_tower?language=en. Acesso em: 3 set. 2019.

Anexo 1
Plano de Ensino do Curso de Graduação em Direito
Imersão – Agenda 2030: Admirável Mundo Novo?
1º Semestre de 2018

Professores/facilitadores
Marina Feferbaum (responsável)
Clio Nudel Radomysler (apoio)
Guilherme Forma Klafke (apoio)
Stephane Hilda Barbosa Lima (apoio)

Carga Horária da Disciplina
Carga Horária total: 45h

Ementa
Esta imersão possui três objetivos inter-relacionados. O primeiro é compreender movimentos de mudanças relevantes na atualidade, como o avanço das novas tecnologias (automação, nanotecnologia, inteligência artificial, entre outras), e as principais questões sociais, econômicas, éticas e jurídicas envolvidas nesses fenômenos. O segundo é identificar como esses movimentos impactam os negócios e as profissões para 2030, a exemplo da proliferação de startups tecnológicas, *fintechs* e *lawtechs*. O terceiro é cocriar um produto capaz de realizar uma contribuição social positiva em 2030.

Objetivos (competências e habilidades)
Ao final da imersão, espera-se que os alunos sejam capazes de:
- Identificar e mapear problemas sociais advindos da relação direito e tecnologia
- Trabalhar melhor em equipe, exercendo liderança criativa
- Refletir criticamente sobre as principais tendências de mudança da realidade
- Relacionar as tendências da realidade com a aplicação do Direito

ENSINO JURÍDICO E INOVAÇÃO

- Avaliar a suficiência ou insuficiência do Direito para dar respostas às mudanças sociais futuras

Metodologia

O curso será organizado em dois momentos: inspiração e ideação sobre as situações que serão problemáticas em 2030; prototipação e apresentação de uma ideia de *start-up* que ofereça uma solução jurídica, ética e economicamente adequada. Os encontros serão dinâmicos e pautados na construção coletiva e autonomia dos participantes. As principais metodologias utilizadas são: aprendizagem baseada em projetos, aprendizagem pela experiência e *design thinking*.

Critérios de avaliação[36]

	Peso	Avaliação
P1	40%	Avaliação pelos professores e parceiros do produto final
P2	30%	Engajamento no curso, aferido por meio de autoavaliação e avaliação pelos professores
P3	30%	Relato de aprendizagem

Bibliografia Básica

GOODMAN, Joanna. *Robots in Law*: How Artificial Intelligence is Transforming Legal Services. London: ARK Group, 2016.

SUSSKIND, Richard. *The End of Lawyers?* Rethinking the Nature of Legal Services. Oxford: Oxford University Press, 2010.

---

[36] Obs.: Em conformidade com o regulamento de graduação vigente, o rendimento acadêmico avaliado na disciplina deve obedecer, entre outras regras, às seguintes:

- a nota semestral resulta de três notas parciais, as quais podem ser compostas de mais de uma atividade de avaliação;
- ao menos uma das notas parciais expressa a avaliação continuada do desempenho do aluno ao longo do semestre letivo;
- pelo menos uma das notas parciais resulta de uma avaliação escrita individual;
- na composição da nota semestral, nenhuma nota parcial terá peso superior a quarenta por cento;
- as notas parciais serão atribuídas em escala de zero a dez;
- o não comparecimento do aluno a uma atividade de avaliação implica a atribuição da nota zero.

ANEXO 1

SUSSKIND, Richard; SUSSKIND, Daniel. *The Future of the Professions*: How Technology will Transform the Work of Human Experts. Oxford: Oxford University Press, 2015.

Bibliografia Suplementar

KELLY, Kevin. *The Inevitable*: Understanding the 12 Technological Forces That Will Shape Our Future. Penguin, 2017.

Bibliografia Indicada

ASHLEY, Kevin. *Artificial Intelligence and Legal Analytics*: New Tools for Law Practice in the Digital Age. Cambridge: Cambridge University Press, 2017.
DOMINGOS, Pedro. *The Master Algorithm*: How the Quest for the Ultimate Learning Machine will Remake our World. New York: Basic Books, 2016.

Atendimento Extraclasse

Rua Rocha, 233, 11º andar, sala 1101
Horário de atendimento: Terças-feiras, das 14h às16h.
Orientação para atendimento extraclasse: Nenhuma.

Programa Aula a Aula

ENCONTRO 1 19/03 – 9H-12H	OLHANDO O FUTURO: O QUE ESPERAR DA REALIDADE EM 2030?
Preparação prévia obrigatória	Não há.
Preparação prévia complementar	KELLY, Kevin. *The Inevitable*: Understanding the 12 Technological Forces that Will Shape our Future. Penguin, 2017. HUXLEY, Aldous. *Admirável mundo novo*. São Paulo: Abril Cultural, 1982. Filme *Blade Runner*: O caçador de androides

Encontro 2 19/03 – 13h-16h	O amanhã é agora: que inovações impactarão o futuro em 2030?
Preparação prévia obrigatória	Não há.
Preparação prévia complementar	KELLY, Kevin. *The Inevitable*: Understanding the 12 Technological Forces that Will Shape our Future. Penguin, 2017. SUSSKIND, Richard. *The End of Lawyers?* Rethinking the Nature of Legal Services. Oxford: Oxford University Press, 2010. Seriado *Black Mirror*, 2ª Temporada, Episódio 1, "Be Right Back" Documentário *The Sex Robots are Coming*

Encontro 3 20/03 – 9h-12h	Eu, nós e os outros: quem seremos em 2030?
Preparação prévia obrigatória	HAN, Byung-Chul. *Sociedade do cansaço*. Editora Vozes, 2015. Caps. 2 e 3.
Preparação prévia complementar	SENNETT, Richard. *O declínio do homem público*: as tiranias da intimidade. São Paulo: Companhia das Letras, 1988. Seriado *Black Mirror*, 3ª Temporada, Episódio 1, "Nosedive"

Encontro 4 20/03 – 13h-16h	Quem está fazendo o futuro: visitando espaços de inovação
Preparação prévia obrigatória	Não há. Os alunos visitarão a sede da *fintech* Stone, onde terão uma roda de conversa (R. Fidêncio Ramos, 308 – Vila Olímpia)
Preparação prévia complementar	Não há.

Encontro 5 21/03 – 9h-12h	Cocriação e design thinking: Pensando projetos e definindo problemas (I)
Preparação prévia obrigatória	*Design thinking* para educadores http://www.dtparaeducadores.org.br/site/download-de-capitulos/
Preparação prévia complementar	CEARLEY, David W. *et al. Top 10 Strategic Technology Trends for 2018*. Gartner, 3 out. 2017. p. 1-33. Itay Talgam: Lead Like the Great Conductors https://www.youtube.com/watch?v=R9g3Q-qvtss&t=8s Build a Tower, Build a Team	Tom Wujec https://www.youtube.com/watch?v=H0_yKBitO8M Law Design Summit Workbook https://drive.google.com/file/d/0BzMFcRLbna0Hc0lkSTNOQzRwZFk/view

ANEXO 1

Encontro 6 21/03 – 13h-16h	Cocriação e *design thinking*: Pensando projetos e definindo problemas (II)
Preparação prévia obrigatória	Barber, Michael *et al.* An avalanche is coming. *Higher Education and the Revolution Ahead*, v. 73, 2013. Ken Robinson – Do Schools Kill Creativity? https://www.ted.com/talks/ken_robinson_says_schools_kill_creativity?referrer=playlist-the_creative_spark *Design thinking* para educadores http://www.dtparaeducadores.org.br/site/download-de-capitulos/
Preparação prévia complementar	Não há.

Encontro 7 22/03 – 9h-12h	Mãos à obra: contribuindo para construir um 2030 melhor (I)
Preparação prévia obrigatória	Vianna, Maurício *et al. Design thinking*: inovação em negócios. Rio de Janeiro: MJV Press, 2012. pp. 22-115. Os alunos trabalharão com métodos de elaboração de projetos de acordo com a necessidade de cada grupo.
Preparação prévia complementar	Não há.

Encontro 8 22/03 – 13h-16h	Mãos à obra: contribuindo para construir um 2030 melhor (II)
Preparação prévia obrigatória	Vianna, Maurício *et al. Design thinking*: inovação em negócios. Rio de Janeiro: MJV Press, 2012. p. 22-115. Os alunos trabalharão com métodos de elaboração de projetos de acordo com a necessidade de cada grupo.
Preparação prévia complementar	Não há.

ENSINO JURÍDICO E INOVAÇÃO

Encontro 9 23/03 – 9h-12h	Comunicando uma ideia: preparando o diálogo com a sociedade civil
Preparação prévia obrigatória	Campus São Paulo Residency: Demo Day (Class #1). Disponível em: https://www.youtube.com/watch?v=V724alOjOdg Campus São Paulo Residency Demo Day | Class #2. Disponível em: https://www.youtube.com/watch?v=iUmFd0H18gw 5 TED Talks para aprender a falar melhor em público https://catracalivre.com.br/geral/emprego-trabalho/indicacao/5-ted-talks-para-aprender-falar-melhor-em-publico/
Preparação prévia complementar	Não há.

Encontro 9 23/03 – 9h-12h	Apresentação das propostas e FEEDBACK de encerramento
Preparação prévia obrigatória	Principles of constructive feedback. Personal Development and Performance Review Guide. The University of Nottingham: https://www.nottingham.ac.uk/hr/guidesandsupport/performanceatwork/pdpr/docume nts/pdprprinciplesofconstructivefeedback.pdf
Preparação prévia complementar	Não há.

Encontro 10 23/03 – 13h-17h	Apresentação das propostas e FEEDBACK de encerramento
Preparação prévia obrigatória	Apresentação final para especialistas.
Preparação prévia complementar	Não há.

Anexo 2
Notas de Ensino
Imersão – Agenda 2030: Admirável Mundo Novo?
1º Semestre de 2018

Inventário de materiais

Manhã – Dia 1
1. Programa finalizado e impresso
2. *Slide* de avaliação
3. Pasta de Dropbox (ou eClass) com todos os textos disponibilizados
4. Papéis de "verdade" e "mentira" para *check-in* (1 papel de mentira para cada 8 de verdade) e, no verso, as fotos dos *slides*
5. Conjunto de *slides* para edição na atividade de compor a figura de 2030

Tarde – Dia 1
6. Kahoot! com "Mito" e "Verdade" de inovações tecnológicas
7. Bolinha de gude ou bolinha pula-pula transparente
8. Narrativas de casos (proteção de dados)
9. *Slides* com instruções para *world café*

Manhã – Dia 2
10. Papéis com imagens de emojis para distribuir aos grupos
11. Aplicativo com *like* para enquete (sugestão: Google Forms) | Tentar placas de *likes* e plickers
12. Questionário para divisão dos grupos segundo algoritmos (colocar fórmula no Excel para calcular)
13. Narrativas de caso para a atividade das bolhas nas redes sociais + Instruções específicas e secretas para cada um dos facilitadores

Manhã – Dia 3

14. Bolinhas de adesivo para atividade das borboletas que se concentram em determinadas opções de tendências

15. Papel sulfite em branco para registrar as tendências para a elaboração das narrativas em grupo

Tarde – Dia 3

16. Folhas com imagens das tendências para regra dos pés

17. Roteiro para o projeto final + Roteiro sobre como fazer 5D

18. Material para atividade de códigos

19. Chocolate para alimentar a celebração dos alunos

Manhã e tarde – Dia 4

20. *Slides* explicando 5D e *Design Thinking*

21. Folhas de papel sulfite para rascunho pelos alunos

22. *Post-its* para rascunho pelos alunos

23. Cartolina por grupo desenhada previamente (lado – ponte – lado)

Manhã – Dia 5

24. Vídeos de *pitchs* separados para apresentação

25. Material para a atividade dos arcos de *feedback* (*flip-chart* com os arcos, *post-its*, velas ou doces)

26. Diplomas de celebração ou papel para fazer o biscoito chinês

Tarde – Dia 5

27. Enquete em aplicativo para que os membros da banca possam distribuir seus pontos entre os grupos

ANEXO 2

Encontro 1 – Olhando para o futuro: o que esperar da realidade em 2030?		
19 de março, das 9h às 12h		
Objetivos	Que as pessoas sejam capazes de: (i) conhecer os colegas da imersão e formar uma identidade de grupo; (ii) enumerar e compreender possíveis transformações no cenário urbano até 2030; (iii) conhecer e compreender o fenômeno das cidades inteligentes em suas diferentes vertentes; (iv) caracterizar contextos futuros a partir de aspectos sociais, tecnológicos e econômicos atuais; e (v) refletir sobre as implicações das características do cenário futuro para a vida em 2030.	
Material de preparação	Não há (primeiro dia de imersão).	
Check-in (10 min) 9h20	Vamos dar as boas-vindas e explicar brevemente os objetivos do primeiro encontro. Importante falar sobre a metodologia do curso. Fazer *check-in* normal (nome, expectativa e lugar da cidade de que mais gosta).	
Dinâmica I – Verdade ou mentira (30 min) 9h50	Objetivo (i)	Cada pessoa receberá uma instrução (VERDADE ou MENTIRA) e deverá contar uma história sua que tenha envolvido tecnologia (quem tirou VERDADE falar uma verdadeira; quem tirou MENTIRA falar uma falsa). Depois da rodada de histórias contadas por todo mundo, eles terão um tempo determinado (20 minutos) para descobrir o máximo de pessoas com mentira. Para isso, podemos fazer uma ou mais rodadas de perguntas que os participantes podem endereçar livremente a outras pessoas, que deverão responder detalhando sua história. Nesse momento, NINGUÉM deve palpitar sobre as mentirosas. Depois, eles podem votar nos mentirosos (podemos usar aplicativo ou levantar as mãos mesmo). Sugestão: 1 mentiroso a cada 8 participantes (12,5%)

ENSINO JURÍDICO E INOVAÇÃO

Dinâmica II – Compondo o quadro de 2030 (50 min) 10h40	Objetivos (ii), (iv) e (v)	(a) Os alunos serão divididos em grupos. Cada grupo recebe uma das 5 fotos de São Paulo para trabalhar em cima. *Link*: https://goo.gl/39WqXc – colocar em *slides* do PowerPoint Outras sugestões: – Judiciário – Hospital – Marginal Pinheiros ou Tietê – Desigualdade (contraste) Os alunos deverão acrescentar coisas à imagem ou alterá-la livremente para adequá-la à sua visão do que será São Paulo em 2030. Para isso, podem buscar imagens no Google ou em bancos de imagens de coisas, pessoas, etc. que *realisticamente* esperam ver nesses lugares em 2030. (20 min) (b) Em seguida, dependendo de qual opção assumirmos, visitar grupo por grupo para que apresentem sua visão de 2030 por meio da foto. Para cada foto, perguntar (se já não tiverem falado): • O que acharam de mais interessante? • Como essas inovações e esse contexto poderiam impactar a cidade em 2030? • Que problemas veem nas fotos? • Que soluções para problemas atuais veem nas fotos? (30 min)
INTERVALO 11h00		
PALESTRA **Cláudia Acosta (CONFIRMADA)** **Ciro Biderman (CONFIRMADO)** (30 min) 11h40	Objetivo (iii)	Falarão sobre cidades inteligentes e sobre São Paulo em 2030.

ANEXO 2

Dinâmica III – Debate (20 min) 12h00	Objetivos (iii) e (v)	Abrir perguntas para os convidados sobre o contexto das cidades inteligentes no futuro.

ALMOÇO 13h00		

Encontro 2 – O amanhã é agora: que inovações impactarão o futuro?

19 de março, das 13h às 16h

Objetivos	Que as pessoas sejam capazes de: (i) conhecer os colegas da imersão e formar uma identidade de grupo; (ii) conhecer recentes inovações tecnológicas em diferentes áreas do conhecimento; (iii) relacionar essas inovações com problemas éticos, jurídicos e sociais atuais ou futuros; e (iv) refletir sobre as possíveis consequências dos problemas identificados para o contexto de 2030.	
Material de preparação	Não há (primeiro dia de imersão).	
Quebra-gelo – MITO ou VERDADE (20 min) 13h30	Objetivos (ii), (iii) e (iv)	Os alunos serão apresentados a diferentes inovações tecnológicas. Sugestão: fazer com *slide* e Kahoot! a atividade. Cada aluno ganha pontos pela resposta e, ao final, podemos dizer quem é o(a) aluno(a) bola de cristal (rsrs)
		Para cada inovação deverão dizer se é MITO ou VERDADE que ela existe.
		Sugestão: usar a curva de inovação da Gartner para mostrar inovações previstas até 2030 e depois de 2030.
		Debate coletivo sobre dilemas jurídicos, sociais e éticos impostos pelas inovações. Perguntas orientadoras do debate: • Qual inovação chamou mais a atenção de vocês? Por quê? • Que problemas éticos essa inovação pode gerar? Como essa inovação pode levar as pessoas a atrapalharem a vida de outras? Ou prejudicarem a si mesmas? (ou beneficiar).

ENSINO JURÍDICO E INOVAÇÃO

		• Que problemas para o Direito essa inovação pode gerar? Que tipos de casos poderão surgir nos tribunais em razão delas? Que tipos de normas o Legislativo e o Executivo deverão cogitar para resolvê-los?
Dinâmica I – *World café* sobre proteção de dados (1h10 min) 14h40	Objetivos (i), (iii) e (iv)	(a) Os alunos serão divididos em grupos para resolver 5 casos diferentes de proteção de dados. Sugestões: • Na saúde (dados de prontuários) • No Zona Azul • No caso de ataques a servidores de terceiros (como Ashley Madison) • Equifax • Uber • Yahoo! Sugestões para rapazes • Tudo sobre todos • Samsung e NSI (sugiro para MITO ou VERDADE) (20 min)
		(b) Ao sinal, os alunos deverão ir para outros grupos, nos quais discutirão o caso (ou outro caso). (15 min)
		(c) Ao sinal, os alunos deverão ir para outros grupos, nos quais discutirão o caso (ou outro caso) (10 min)
		(d) Ao sinal, os alunos voltarão para seus grupos e compartilharão o que viram e ouviram nos outros, bem como o que disseram em seus grupos (10 min)
INTERVALO 15h00		

ANEXO 2

PALESTRA **Andriei Gutierrez, IBM (CONFIR-MADA)** (30 min) 15h30	Objetivos (ii) e (iii)	A convidada falará sobre a política de proteção de dados da IBM e também sobre o Watson e seu impacto sobre as profissões jurídicas.
Dinâmica II – Debate (20 min) 15h50	Objetivos (iii) e (v)	Abrir perguntas para o convidado sobre os dilemas éticos, jurídicos, profissionais e sociais das inovações tecnológicas.
Momento final (10 min) 16h00		*Check-out*: o que gostaram e expectativa para o próximo encontro em uma palavra.

Encontro 3 – Eu, nós e @s outr@s: quem seremos em 2030?	
20 de março, das 9h às 12h	
Objetivos	Que as pessoas sejam capazes de: (i) conhecer os colegas da imersão e formar uma identidade de grupo; (ii) compreender tendências de desenvolvimento da sociedade; (iii) identificar problemas relacionados ao desenvolvimento pessoal dos indivíduos em uma sociedade tecnológica; (iv) identificar problemas nas relações sociais em uma sociedade tecnológica; e (v) refletir sobre os desdobramentos desses problemas para as pessoas e suas relações sociais em 2030.
Material de preparação	HAN, Byung-Chul. *Sociedade do cansaço*. Editora Vozes, 2015. Caps. 2 e 3.
Check-in (5 min) 9h15	Cada participante fala seu nome novamente e diz uma característica que gostaria de desenvolver até 2030.

Dinâmica I – Atividade do *like* (1h10min) 10h25	Objetivos (ii), (iii) e (v)	(a) Divisão de grupos por imagens de emojis. Não podem falar palavras específicas sobre isso. (b) Gincana para obter *likes*. Desafios a serem realizados e, após, votação para cada um. • Fazer perfil • Abrir um evento de mobilização • Fazer paródia de uma música • Promover um produto (40 min) (c) Debate: questões sobre aprovação, validação externa e sociedade do cansaço. (30 min)
INTERVALO 10h40		
Dinâmica II – Atividade das *bolhas* (1h10) 11h50	Objetivos (ii), (iv) e (v)	(a) Divisão dinâmica dos grupos: a atividade começa com a explicação de que os alunos deverão responder a um questionário. Cada resposta atribui pontos, que são convertidos em um *ranking*. Eles, então, devem se movimentar pela sala segundo o *ranking*, formando os grupos de acordo com a distância de + ou – 2 pontos entre eles. Esses grupos deverão variar (cada vez menos, acredito), conforme as perguntas são respondidas. (10 min) (b) Após a quinta pergunta, os grupos serão definidos. Cada aluno receberá uma pequena narrativa de caso. Eles então serão levados para diferentes ambientes da FGV por um dos facilitadores. Lá, o(a) facilitador(a) lerá o caso com os alunos e dará suas informações sobre o que aconteceu para que eles saibam mais. Detalhe: cada facilitador(a) será parcial e penderá para uma solução específica.

		Caso: um pesquisador do CEPI postou no Facebook institucional um conteúdo machista e o removeu depois de um tempo. A repercussão, porém, foi grande. A instituição exige que a chefe tome uma medida. Facilitadores contarão parte da história: • Colega de trabalho defenderá o pesquisador e mostrará seu histórico • Colega de instituição repudiará a atitude e mostrará como as pessoas se sentiram ofendidas • Chefe contará a pressão institucional para que se dê uma resposta • Colega de instituição dará informações que relativizam a posição dos dois lados Um grupo terá um facilitador que apenas acompanhará a atividade. (50 min – contando tempo de deslocamento)
	ALMOÇO	
	13h00	

Encontro 4 – Visita à Stone
20 de março, das 13h às 16h

Objetivos	Que as pessoas sejam capazes de: (i) conhecer um ambiente de inovação tecnológica; (ii) compreender tendências em inovações tecnológicas; (iii) compreender a atuação jurídica em ambientes de inovação e rápido crescimento empresarial; e (iv) refletir sobre o papel do setor jurídico em uma *startup*.
Material de preparação	Não há. Os alunos visitarão a sede da fintech Stone, onde terão uma roda de conversa. Local: R. Fidêncio Ramos, 308 – Vila Olímpia Duas vans farão o trajeto de ida e volta entre a FGV DIREITO SP e a Stone

Saída 13h15	Saída com a van.
13h45	Chegada à Stone. Atividade proposta pelos pontos focais da Stone.
15h30	*Check-out* Saída da Stone.
16h00	Chegada à FGV.

Encontro 5 – Mapeando tendências: quais processos estão em curso para mudar o Direito?	
21 de março, das 9h às 12h	
Objetivos	Que as pessoas sejam capazes de: (i) conhecer os colegas da imersão e formar uma identidade de grupo; (ii) identificar, relacionar e desdobrar consequências de tendências e processos de mudanças sociais que impactarão o futuro; (iii) conhecer as principais tendências previstas para 2030; (iv) refletir sobre questões éticas, jurídicas e sociais trazidas por essas tendências em diferentes cenários futuros.
Material de preparação	Cearley, David W. *et al. Top 10 Strategic Technology Trends for 2018.* Gartner, 3 out. 2017, p. 1-33.
Check-in (10 min) 9h15	O que mais chamou a atenção na visita à Stone?
Dinâmica I – Mapeamento de tendências (30 min)	Objetivos (i) e (ii)	(a) Construção, em grupo, de uma narrativa. Começar dizendo que é preciso construir uma história de 2030 coletivamente. O aluno da direita/esquerda fala tentando colocar várias tendências que poderiam acontecer em 2030. (b) *Brainstorming* de tendências. Liberdade para falar. Ninguém pode rejeitar. Para fechamento, usaremos o método dos adesivos nas ideias – escolheremos as 5 tendências mais votadas. Usar a lousa. Levar bolinhas de adesivo.

ANEXO 2

		(a) O objetivo será criar narrativas coletivamente sobre as tendências. Vamos dividir os alunos em 5 grupos. Em cada grupo, cada membro vai receber um papel e deverá escrever sobre o tema que recebeu (5 temas). Cada um tem que escrever uma frase para continuar essa história e passá-la para a pessoa a seu lado. Após o grupo ter terminado duas rodadas (todos escreveram duas frases em cada história), o grupo deve passar todas suas histórias para outro grupo. O grupo seguinte escolhe aquela de que mais gostou para ler para todos. Leitura de cada história para todos os grupos. (30 min)
Dinâmica II – Construção de narrativa coletiva (1 h) 10h45	Objetivos (i), (ii) e (iv)	(b) Debate sobre as histórias. Perguntas: (i) O que acharam das histórias? Como as tendências se manifestaram nelas? Positiva ou negativamente? (ii) O que tem de comum ou diferente nas histórias que viram ao longo da atividade? 2030 está mais para uma distopia ou uma utopia? (iii) As histórias inspiram vocês a pensar em contribuições e mudanças? (30 min)
INTERVALO		
11h00		
PALESTRA Ângelo, Looplex (CONFIRMADA) (30 min) 11h30	Objetivos (iii) e (iv)	O convidado falará sobre inovação e tendências de inovação.
Dinâmica III – Debate (30 min) 12h00	Objetivo (iv)	Abertas perguntas para os convidados sobre o contexto das inovações e tendências para o futuro.
ALMOÇO		
13h00		

Encontro 6 – Cocriação e *design thinking*: pensando projetos e definindo problemas	
21 de março, das 13h às 16h	
Objetivos	Que as pessoas sejam capazes de: (i) trabalhar em grupo, distribuindo tarefas, revezando lideranças e controlando processos; (ii) delimitar problemas com base em tendências de inovação; (iii) definir o propósito e a justificativa de um projeto; (iv) estabelecer metas e produtos a serem elaborados em um processo de solução de problemas; (v) gerenciar processos criativos; (vi) criar soluções para problemas complexos; e (vii) formular retornos de desempenho (*feedback*) a partir de princípios de comunicação não violenta
Material de preparação	*Design thinking* para educadores http://www.dtparaeducadores.org.br/site/download-de-capitulos/
Retomada (10 min) 13h10	Retomar o que falamos na primeira parte do dia – falar das tendências novamente
Dinâmica I – Definição dos problemas e grupos (25 min de trabalho em grupo e 15 de apresentação) 13h50	Objetivos (i), (ii), (iii) e (iv)	(a) Divisão da sala em 5 grupos. Cada grupo fica com uma tendência da parte da manhã – o grupo será definido pela regra dos pés segundo as tendências. (b) 1º D dos 5 Ds: DEFINIÇÃO Deverão definir a investigação, que significa: • Delimitar a questão na tendência • Justificativa da importância da questão • Conteúdo do projeto (falar o roteiro) • O que precisa ser atingido (*pitch*) • Como será atingido? Definir papéis no grupo OBSERVAÇÃO: será designada uma pessoa do grupo para facilitar a tarefa de se chegar ao resultado.
INTERVALO	
14h00	
DINÂMICA dos códigos (1h50) 15h50	Objetivos (i), (iv) e (v)	O convidado fará uma dinâmica para prototipação e elaboração de projetos.
Check-out (10 min)	Objetivo (vi)	O que foi mais positivo na atividade no grupo hoje?

ANEXO 2

Encontro 7 – Cocriação e *design thinking*: pensando problemas complexos (*descobrir e sonhar*) 22 de março, das 9h às 12h		
Objetivos	Que as pessoas sejam capazes de: (i) trabalhar em grupo, distribuindo tarefas, revezando lideranças e controlando processos; (ii) compreender etapas de processos de solução de problemas complexos; (iii) levantar percepções, impressões, opiniões e reações de pessoas envolvidas com determinado problema; (iv) pesquisar e identificar experiências bem-sucedidas e pontos fortes na solução de problemas; e (v) conceber contextos futuros a partir de aspectos sociais, tecnológicos e econômicos que consideram ideais.	
Material de preparação	VIANNA, Maurício *et al. Design thinking*: inovação em negócios. Rio de Janeiro: MJV Press, 2012. p. 22-115.	
Check-in (10 min) 9h20	Exercício de criatividade. Saco com frases, cada um pega uma frase e fala o que faria com o objeto.	
Exposição 5D / *design thinking* (10 min) 9h30	Objetivo (ii)	Explicação sobre o 5D / *design thinking* como processo de solução de problemas e a diferença dele para o processo tradicional de solução de problemas.
		2º D: DESCOBERTA Os alunos receberão *post-its* e um *flip-chart* com a separação a seguir. Terão 30 minutos para fazer o quadro de mapeamento. Descobrir: Em que cenário esse problema está inserido? Como o problema afeta o contexto hoje? Traga dados, projeções, relatórios, etc. Analise as dimensões pessoal, comunitária e global. Mapeie o cenário e busque experiências bem-sucedidas para lidar com esse problema ou problema semelhante. Dimensão pessoal Comunitária Global

167

		Impactos
		Relatórios e dados
		Atores
		Questões éticas
		Questões jurídicas
		Insights/outros
		2030
Dinâmica I – Descoberta (1 h) 10h30	Objetivos (i), (iii) e (iv)	Experiências bem-sucedidas
		O objetivo é compreender e aprofundar diferentes visões sobre o problema, conversar (se possível) com pessoas e ouvir o que estão falando a respeito dele. Pense nas dimensões individuais, comunitárias e globais. Traga dados e relatórios. Pesquisar na internet essas coisas. Conhecer sucessos, forças e excelências da comunidade ou da organização, ou seja, buscar experiências bem-sucedidas para lidar com esse problema ou com problemas semelhantes. Cada grupo apresentará e receberá *feedback* em 6 min sobre o mapeamento. Os demais grupos podem trazer outras sugestões de forças e experiências de que tenham conhecimento para incrementar o processo. (30 min) OBSERVAÇÃO: será designada uma pessoa do grupo para facilitar a tarefa de se chegar ao resultado.

ANEXO 2

INTERVALO
10h50

Check-in: em roda, escolheremos um objeto a ser transformado por todos em alguma outra coisa. Em roda, um começa imaginando um objeto, faz uma mímica e passa-o para o colega à direita, que transformará esse objeto em outro.
(15 min)

Dinâmica II – Sonho (25 min) 11h30	Objetivos (i) e (v)	3º D: SONHAR Sonhar: Como seria o mundo com esse problema resolvido? Trazer revistas para que, em 25 minutos, possam apresentar aos colegas como seria o mundo sem esse problema. O que mudaria do mapeamento inicial? O que mudaria da dimensão pessoal, global e comunitária? O objetivo é usar os sucessos e as forças para imaginar possíveis novos usos no futuro. Os alunos devem imaginar (sonhar) como a comunidade seria "melhor" – pensando na sociedade sem esse problema. O que desejam, aspiram e querem para o futuro. OBSERVAÇÃO: será designada uma pessoa do grupo para facilitar a tarefa de se chegar ao resultado.
Dinâmica III – Convergências e divergências (30 min) 12h00	Objetivo (v)	Apresentação dos "mundos melhores" em 2 minutos por grupo. Depois, discutiremos pontos de convergência e divergência nessas visões de mundo (20 min). Feedback (10 min).
ALMOÇO		
13h00		

169

ENSINO JURÍDICO E INOVAÇÃO

Encontro 8 – Cocriação e *design thinking*: pensando problemas complexos (*planejar e encaminhar*) 22 de março, das 13h às 16h		
Objetivos	Que as pessoas sejam capazes de: (i) trabalhar em grupo, distribuindo tarefas, revezando lideranças e controlando processos; (ii) compreender etapas de processos de solução de problemas complexos; (iii) avaliar soluções a partir de critérios éticos, econômicos, sociais e jurídicos; (iv) criar um protótipo, especialmente para uma solução jurídica; e (v) formular retornos de desempenho (*feedback*) a partir de princípios de comunicação não violenta.	
Material de preparação	VIANNA, Maurício *et al. Design thinking*: inovação em negócios. Rio de Janeiro: MJV Press, 2012. p. 122-141.	
Check-in (35 min) 13h35	Marshmellhow challenge.	
Retomada (10 min) 13h45	Explicação dos objetivos do período da tarde e de onde eles se encontram nos diamantes.	
Dinâmica I – Planejar (40 min) 14h25	Objetivos (i), (ii) e (iii)	Os grupos terão 40 minutos para fazerem as duas últimas etapas: 1. Design: qual seria uma possível solução para este problema? Em 20 minutos, pensar quais soluções seriam necessárias para resolver o problema proposto – escolher uma e justificar. Como a solução escolhida altera o cenário mapeado? Como a solução escolhida nos ajudará a atingir o modelo ideal para o mundo imaginado pelo grupo? 2. Encaminhar: Como coloca-las em prática? Colocar em 20 minutos no to do list. Enumerar as ações – quem deverá ser acionado? Quais são aliados para isso? 4º D: DESIGN Objetivo é que os alunos associem o "melhor do que é" com o "melhor que pode ser" e, a partir disso, construam ideias do que deve ser feito para sair de um ponto para outro. Esse processo é feito a partir de ideias, priorização, avaliação de soluções e de seus efeitos para todos os envolvidos. Cada solução pode alterar o cenário de uma forma e os alunos devem ver isso. (40 min)

ANEXO 2

Dinâmica I – Planejar (40 min) 14h25	Objetivos (i), (ii) e (iii)	Cada grupo apresenta em 2 minutos o cartaz indicando o melhor que é, o melhor que pode ser e como eles fazem a "ponte". (10 min)
		OBSERVAÇÃO: será designada uma pessoa do grupo para facilitar a tarefa para se chegar ao resultado.
		5º D: ENCAMINHAR Objetivo é identificar como colocar em prática as soluções indicadas. Quem deverá ser acionado? Quais são aliados para isso? Quais forças podem ser canalizadas? Que inovações serão necessárias? (40 min)
		Cada grupo apresenta em 2 minutos uma lista de ações. (10 min)
		OBSERVAÇÃO: será designada uma pessoa do grupo para facilitar a tarefa para se chegar ao resultado.
apresentação (35 min)	Objetivos (i), (ii) e (iv)	Apresentações: cada grupo apresentará a solução e lista de ação e receberá *feedback* (7 min).
INTERVALO 15h10		
Dinâmica III – *Feedback* (30 min) 15h40	Objetivo (v)	Nos grupos, um recebe *feedback*, um anota e os 4 dão *feedback* ("gostei quando", "queria ter visto mais..."). Revezam-se em um tempo definido.

Encontro 9 – Vendendo uma ideia: elaboração de *pitch*	
23 de março, das 9h às 12h	
Objetivos	Que as pessoas sejam capazes de: (i) trabalhar em grupo, distribuindo tarefas, revezando lideranças e controlando processos; (ii) elaborar uma apresentação concisa, objetiva, poderosa e informativa; e (iii) formular retornos de desempenho (*feedback*) a partir de princípios de comunicação não violenta.

Material de preparação	Campus São Paulo Residency: Demo Day (Class #1). Disponível em: https://www.youtube.com/watch?v=V724alOjOdg	
	Campus São Paulo Residency Demo Day | Class #2. Disponível em: https://www.youtube.com/watch?v=iUmFd0H18gw	
Check-in (25 min) 9h25	O que estão sentindo e esperando para o último dia da imersão? Cada grupo receberá um papel com o nome de um filme para fazer uma mímica, enquanto os demais adivinham (*De Volta para o Futuro, Blade Runner, Star Wars, Matrix, Her*). Reflexão sobre trabalho em grupo e comunicação.	
Dinâmica I – Elaborar a apresentação (1h20min) 10h45	Objetivos (i) e (ii)	(a) Atividade começa com a apresentação de *pitchs* que sejam considerados bons. A partir da apresentação, os alunos criam sua própria ideia do que seja um bom *pitch*. (20 min)
		(b) Os grupos devem elaborar suas próprias apresentações. É possível ensaiar com outros grupos, trocar ideias com colegas e tutores, além de solicitar qualquer tipo de material para que seja disponibilizado no momento de apresentação dos trabalhos. Eles deverão se atentar ao tempo (5 min) na hora de planejar a apresentação. (1h)
INTERVALO 11h		
Dinâmica II – Encerramento do curso (1 h)	Objetivo (iii)	(a) Atividade dos arcos e identificação dos pontos de maior facilidade e dificuldade.
		(b) Conversa sobre o que levarão do curso.
		(c) Celebração do encerramento do curso na fase de elaboração dos projetos.

ANEXO 2

Encontro 10 – Bancas de avaliação e *feedback* das propostas		
23 de março, das 13h às 16h		
Objetivos	Que as pessoas sejam capazes de: (i) falar uma ideia em público, de maneira articulada, concisa e precisa; (ii) apresentar uma ideia ressaltando seus aspectos positivos honestamente; e (iii) receber *feedback* adotando uma postura não violenta ou não defensiva.	
Material de preparação	Não há.	
Apresentação (10 min) 13h20	Apresentação da banca selecionada para acompanhar os trabalhos: • Marina Feferbaum (mediadora) • Leilani (Looplex) • Anderson (Looplex) • Renato (Finch) • Gabriella (Stone) • Daniela (Stone) • ... Enumeração das regras da apresentação.	
Apresentação (2h25min) 15h45	Objetivos (i), (ii) e (iii)	(a) Cada grupo deverá apresentar sua ideia em, no máximo, 5 min (total: 25 min). Estilo *drop the mic* (ao final do tempo, a pessoa deve largar o "microfone"). A ordem de apresentação será sorteada. (b) Segue-se um momento de *feedback* (comentários da banca e resposta do grupo). Cada momento de *feedback* poderá durar até 20 min. 1º GRUPO (5 + 20 = 25) 2º GRUPO (5 + 20 = 25) 3º GRUPO (5 + 20 = 25) INTERVALO (20 min) 4º GRUPO (5 + 20 = 25) 5º GRUPO (5 + 20 = 25) Cada membro da banca terá 500 pontos para investir nos problemas e nas soluções, conforme sua relevância para o futuro.
Encerramento (15 min)		Fala da Marina agradecendo aos parceiros e encerrando o curso.

Anexo 3
Notas de Ensino
Imersão – Desafio Finch
2º Semestre de 2018

Encontro 1 – 24 de setembro, das 9h às 12h	
Objetivos	Que as pessoas sejam capazes de: (i) conhecer os colegas de imersão; (ii) conhecer e refletir sobre transformações nos espaços de atuação de profissionais do Direito a partir das inovações tecnológicas; e (iii) conhecer e compreender desafios relacionados à estrutura de um escritório de advocacia e o impacto de inovações e da inserção da tecnologia.
Dinâmica I – *Check-in* e integração: tecnologias em meu dia a dia (50 min) 9h50	Vamos dar as boas-vindas e explicar brevemente os objetivos do primeiro encontro. Importante falar sobre a metodologia do curso. Fazer *check-in* (nome, instituição, ano e expectativa). (a) Cada participante ganhará um papel com uma tecnologia que deverá colar na testa da pessoa do lado sem ela ver. A pessoa terá que acertar qual é sua tecnologia apenas com perguntas de sim ou não, com todos caminhando pela sala. Tempo: 7 min. (b) Terminado o tempo, todos voltam para a roda (mesmo quem não conseguiu acertar) e vão contar uma história pessoal relacionada ao ano em que foi criada a tecnologia (estará escrito no verso da imagem). Os outros vão tentar adivinhar qual é esse ano. (c) Reflexão sobre como nos acostumamos com a tecnologia e nossa percepção sobre como ela impacta nosso dia a dia.

Dinâmica II - Tecnologias no Direito (30 min) 10h20	Objetivo (ii)	(a) Os alunos serão apresentados a diferentes recursos tecnológicos utilizados no Direito. Eles precisam adivinhar se é VERDADE ou MITO. Cada aluno ganha pontos pela resposta e, ao final, podemos dizer quem é o(a) aluno(a) vencedor(a) – Sugestão: fazer com Kahoot! (b) Reflexão sobre mudanças com a inserção da tecnologia nos espaços de atuação dos profissionais do Direito. (c) Apresentação geral da proposta e cronograma da imersão.
Dinâmica II - Compondo um escritório de advocacia inovador (40 min) 11h	Objetivo (iii)	(a) Divisão de 5 grupos por meio de regra dos pés com imagens de escritórios. (b) O desafio será construir a estrutura de um escritório de advocacia inovador a partir de 6 elementos: • Nome • Conceito • Áreas • Estrutura hierárquica • Sustentabilidade financeira • Estrutura física (30 min) Os grupos deverão elaborar uma apresentação de suas propostas de maneira criativa, com o objetivo de promover seu escritório no mercado e mostrar seu caráter inovador. (10 min)
INTERVALO 11h10		
Dinâmica II - continuação (25 min) 11h35	Objetivo (iii)	Apresentação das propostas pelos grupos em formato de *pitch*. Cada grupo terá 5 min para se apresentar.

ANEXO 3

Dinâmica III – Debate e apresentação do projeto de IA (25 min) 12h00	Objetivos (ii) e (iii)	Apresentação da Pesquisa Profissões Jurídicas do CEPI da FGV DIREITO SP, reflexão sobre a dinâmica anterior e debate sobre o impacto das inovações no Direito, além dos principais desafios para pensar na estrutura organizacional e na gestão dos escritórios, das empresas e dos serviços públicos.
	ALMOÇO 13h00	
Material de preparação	• Programa/*slide* de apresentação com objetivos dos encontros e proposta da imersão. • Fotos com as tecnologias do dia a dia + ano em que foram criadas. • Kahoot! sobre diferentes recursos tecnológicos utilizados no Direito + *slide*. • Canvaa/*flip-chart* para escrever os elementos dos escritórios de advocacia. • Apresentação da pesquisa do CEPI.	

Encontro 2 – 24 de setembro, das 13h às 16h		
Objetivos	Que as pessoas sejam capazes de: (i) conhecer os colegas de imersão; (ii) compreender a importância de conhecer uma realidade de maneira imersiva para o aprendizado (relacionar com a viagem para Bauru); (iii) refletir sobre as competências e habilidades importantes para os profissionais do Direito no século XXI; e (iv) conhecer melhor quais habilidades/competências cada um possui e quais quer desenvolver.	
Dinâmica I/Quebra-gelo – EXPECTATIVA ou REALIDADE (40 min) 13h40	Objetivos (i) e (ii)	(a) Divisão de grupos pela distribuição de imagens com memes de expectativa/realidade. (b) Os participantes em grupos vão elaborar memes do tipo expectativa/realidade sobre o que esperavam com a faculdade de Direito ou estágio (15 min). (c) Votação do melhor meme por todos (5 min). (d) Reflexão sobre o ensino do Direito e sobre a importância da experiência para o aprendizado – relacionar com a viagem para Bauru (15 min).

		Apresentaremos uma história sobre um escritório de advocacia que precisa contratar um profissional:
Dinâmica II – Debate sobre competências dos profissionais (1 h) 14h40	Objetivo (iii)	(a) Cada grupo representará um candidato que quer ser aprovado no escritório – escreverão os currículos (20 min). (b) Entrevistas com os candidatos (um representante de cada grupo) pela Marina e pelo Alexandre (25 min). (c) Reflexão sobre questões de formação, competências, marcadores da diferença, desigualdades (15 min).
INTERVALO		
15h00		
Dinâmica III – Mapa das competências (45 min) 15h45	Objetivo (iv)	(a) *Brainstorming* sobre as competências mais relevantes atualmente para profissionais do Direito (15 min). (b) Votação das principais (5 min). (c) Mapa das competências com os próprios alunos analisando quanto já desenvolveram de cada uma delas (15 min). (d) Debate (10 min).
Momento final (10 min) 16h00		*Check-out*: uma palavra representando o que mais marcou o encontro.
Material de preparação		• Imagens com memes expectativa/realidade para divisão dos grupos. • Elaborar a história do escritório que quer contratar um profissional. • Modelo para o currículo (digital). • *Flip-chart* para o *brainstorming* das competências. • Bolinhas de adesivo para o *brainstorming* das competências. • Craft para o mapa das competências. • Canetinhas.

ANEXO 3

Encontro 3 – 25 de setembro, das 9h às 12h		
Objetivos	Que as pessoas sejam capazes de: (i) conhecer os colegas de imersão; (ii) compreender a importância de escuta ativa, da formulação de boas perguntas e da colaboração para resolver desafios e problemas complexos; (iii) identificar dilemas relevantes relacionados ao desenvolvimento pessoal e profissional em uma sociedade tecnológica; (iv) refletir sobre os próprios projetos de futuro; e (v) entender os três desafios propostos para a viagem e divisão de grupos.	
Check-in – Perguntas para a viagem (45 min) 9h45	(a) Cada estudante deve escrever em um *post-it* uma pergunta sobre algo que gostaria de saber da pessoa do lado – que seja importante para a viagem juntos – e colá-lo nas costas dessa pessoa sem deixá-la ler – não pode ser pergunta de sim ou não (ex.: Qual sua comida preferida? O que você gosta de fazer antes de dormir?, etc.). (b) Cada participante possui dois objetivos: adivinhar qual pergunta foi escrita em suas costas e anotar as respostas de todos da sala. (c) Todos vão circular pela sala, respondendo às perguntas nas costas dos outros e anotando as respostas que receber para a pergunta em suas costas. (d) Ao final, todos devem dizer qual acha que é sua pergunta e quem da sala deu respostas parecidas para ela. (e) Reflexão sobre formular boas perguntas e coletar e analisar dados.	
Dinâmica I – Escuta ativa: projetos de vida para 2030 (1 h) 10h45	Objetivos (ii), (iii) e (iv)	(a) Dinâmica do barbante sobre o mundo que imaginam para 2030 (quando uma pessoa se identifica com um aspecto pega uma parte do barbante, formando uma teia). (b) Com recortes, fazer colagem sobre como acreditam que vai ser a própria vida em 2030, levando em consideração mudanças tecnológicas (15 min). (c) Em trios, consultores deles mesmo – um vai falar de seu projeto de futuro para 2030, um vai fazer perguntas/comentários (ser o consultor) e o outro vai observar e anotar tudo (15 min). (d) Reflexão sobre a necessidade de escuta ativa e elaboração de perguntas relevantes para a consultoria + reflexões sobre projetos de vida, dilemas relevantes relacionados ao desenvolvimento pessoal e profissional dos alunos em uma sociedade tecnológica (30 min).

INTERVALO		
11h		
Dinâmica II – Apresentar os desafios e divisão dos grupos (1 h) 12h	Objetivo (v)	(a) Apresentação e discussão dos desafios para a viagem. (b) Divisão de grupos pela regra dos pés.

ALMOÇO		
13h00		
Material de preparação	• *Post-its* • Durex/fita-crepe • Folha para anotação das respostas na dinâmica de integração • Revistas para colagem • Tesoura • Folhas sulfites para colagem • Folhas/*post-it* para anotação na dinâmica da escuta • Folha com os desafios e um *flip-chart* representando cada um deles para a regra dos pés e para escrever um roteiro de perguntas.	

Encontro 4 – 25 de setembro, das 13h às 16h		
Objetivos	Que as pessoas sejam capazes de: (i) compreender dificuldades para a criação e sobrevivência de escritórios no mercado jurídico; (ii) refletir sobre as principais questões relacionadas aos desafios propostos; (iii) realizar integração e reflexão sobre colaboração e *feedback* construtivo; e (iv) estabelecer combinados para a viagem e para o trabalho em grupo.	
Dinâmica I – Quadrados e roteiro (1 h) 14h	Objetivos (iii) e (ii)	Dinâmica dos quadrados + início da elaboração do roteiro de perguntas para o desafio.

Dinâmica II – Conversa com advogado (1 h) 15h	Objetivo (i)	Conversa com um advogado de um escritório inovador, compartilhamento de experiências e principais desafios profissionais.
INTERVALO 15h15		
Dinâmica III – Finalização do roteiro de perguntas por grupo (20 min) 15h35	Objetivo (ii)	(a) Cada grupo vai terminar o roteiro de perguntas para seu desafio (10 min). (b) Reflexão sobre os roteiros de perguntas em formato de *world café* – 1 rodada (10 min).
Dinâmica IV – Fechamento para a viagem (10 min) 15h45	Objetivo (iii)	(a) Em roda, cada aluno vai receber uma paçoca com o nome de alguém em cima – deve dar um *feedback* no modelo construtivo para essa pessoa (metáfora do presente). (b) Sorteio de "amigo secreto" para a viagem – você ficará responsável por dar um *feedback* construtivo a essa pessoa no último dia – é secreto, só vamos descobrir no último dia quem tirou quem.
Dinâmica V – Combinados (10 min) 15h55	Objetivo (iv)	Conversa sobre combinados para trabalho em grupo, convivência, diálogo na viagem.
Momento final (10 min) 16h05	*Check-out*: expectativa para a viagem em uma palavra.	
Material de preparação	• Convidado externo para falar sobre experiência em escritório inovador. • Paçocas com o nome dos integrantes colado em cima. • Saquinho com os nomes dos integrantes para amigo secreto da viagem. • Cartolina e *post-its* para escrever combinados. • Canetinhas.	

Terceiro dia: passado FINCH

7h: saída de São Paulo com destino a Bauru (ônibus sairá da porta da FGV).

11h30: chegada a Bauru + *check-in* em hotel.

12h30: almoço (prédio Finch – 4º andar).

14h: boas-vindas.

14h15: Renato Mandaliti: depoimento sobre a trajetória como advogado, desafios e aprendizados.

15h: perguntas e respostas.

15h20: nascimento do JBM.

16h: *coffee break.*

16h30: nascimento da Finch.

17h30: perguntas e respostas.

18h: encerramento.

19h30: jantar (Bauru).

Quarto dia: presente FINCH

9h: tour JBM/Mandaliti + esteiras.

9h30: Karina Batistuci e Fernando Durão: o contencioso de volume, números antes e depois, problemas enfrentados, redução de *backoffice*, etc.

10h30: atividades FGV.

12h30: almoço.

13h30: André Farina: *tour* prédio Finch + aplicação IA na prática.

16h30: *coffee break.*

17h: preparação do projeto.

18h: encerramento.

19h: jantar na fazenda.

Quinto dia: futuro FINCH

8h: *check-out* do hotel.

9h: alunos finalizam seus trabalhos.

10h: grupos apresentam respostas aos desafios (5 min de apresentação e 15 min de *feedback*).

12h: almoço.

13h30: retorno para São Paulo.